你所经历的苦难

终将成为最好的礼物

戴琢璞 著

南海出版公司
·海口·

图书在版编目（CIP）数据

你所经历的苦难，终将成为最好的礼物 / 戴琢璞著
. -- 海口 : 南海出版公司，2017.3
ISBN 978-7-5442-8749-4

I. ①你… II. ①戴… III. ①散文集－中国－当代
IV. ① I267

中国版本图书馆 CIP 数据核字（2017）第 005859 号

NI SUO JINGLI DE KU’NAN, ZHONGJIANG CHENGWEI ZUIHAO DE LIWU

你所经历的苦难，终将成为最好的礼物

作　　者　戴琢璞
责任编辑　曾科文　孙翠萍
出版发行　南海出版公司　电话：（0898）66722926（出版）（0898）65350227（发行）
社　　址　海南省海口市海秀中路 51 号星华大厦五楼　　邮编：570206
电子信箱　nhpublishing@163.com
经　　销　新华书店
印　　刷　三河市祥达印刷包装有限公司
开　　本　787 毫米 ×1092 毫米　1/32
印　　张　8.5
字　　数　160 千
版　　次　2017 年 3 月第 1 版　2017 年 3 月第 1 次印刷
书　　号　ISBN 978-7-5442-8749-4
定　　价　35.00 元

序 1 冲上国家级榜单，“鲜为人知”何德何能？

巩红岩/文

我是一个“60”后，在大连工作，我老家江苏省新沂市的高中同学群“致青春——炮中一九八七”的群主雅愔，前几天在群里发了一个链接，是什么“全国百名网络正能量榜样”初评网上展示投票，人民网搞的。我一个快50岁的人，对网上这投票那投票的没有什么兴趣，本来没想打开，但随后看到群主的附言让我顿时来了兴趣。附言是这样写的：“快快投票支持网络时评作者里头的25号，咱们高中同学戴琢璞创办的‘鲜为人知’吧！”然后跟着是一大溜的“大拇指”符号。

听说是高中同学戴琢璞，我立马点开链接，进到网络时评作者中找到25号“鲜为人知”，毫不犹豫地投了一票！然后再看评选活动的介绍，乖乖！这是国家网信办组织的“五个一百”网络正能量精品评选活动！我虽然一直看好“鲜为人知”，也是它的忠实粉丝，但从来没有想到当年一个穷孩子、穷学生办的私人微信公众号，今天能上这么高层次的榜单！

戴琢璞，朋友圈里人称“戴哥”。20世纪80年代我们曾在当时属于江苏省新沂县（1990年撤县设市）的炮车中学同学3年。如今，虽然时空已经相隔太远太久，但我和我的同学们感觉跟他仍然像当年同坐在一个教室那样亲近。为什么这么说呢，因为我们每天都在关注他的“鲜为人知”公众号，只要有更新必先睹为快。当然我们同学之间也都议论，戴同学在一家媒体任职，每年里有数不清的采访任务，哪还有什么时间经营微信公众号，并且已经坚持了一年，推出了一二百篇文章？

戴哥似乎能猜到我们的心思，不久就推出了新作《一旦爱上，便再也没有放弃的理由》，我们从中找到了答案。

原来，他的公众号文章都是忙里偷闲的成果，正如他自己所言：文章虽然没有他在媒体上发表的那些高大上，但文章的形式更自由、内容更真实、语言更质朴。他用心写出了发生在身边或亲历的故事，故事鲜为人知且真实感人，百读不厌，诲人不倦。

我们同学好多都是他的铁杆粉丝，峰哥、启军、军然，还有靖姐、凤妹等等经常被文章感动得热泪盈眶。凤妹还把她的“90”后女儿发展成了粉丝，女儿几天看不到新推送，便会问她妈妈：“戴叔叔的文章怎么不更新了？”

看着戴哥的文章，这也让我回忆起了中学时的他。那是在20世纪80年代后期，十六七岁的戴哥已经长成大小伙了，略黑的皮肤配上他的小平头，给人结实和刚劲的印象，最让人难忘的是，戴哥笑起来牙特别的白。

戴哥从少年时代就酷爱文学，从小博览群书，什么历史名著、当代小说、杂文等他都喜欢，有时还偷偷地拿同学的小说看。同学发现书在他手上，就说他偷书，而他就引用鲁迅笔下孔乙已的话说：“读书人窃书能说偷吗？”逗得大家都乐了。

说戴哥有点不务正业也不过分，因为爱好文学，所以成绩一般，高中二年级时要分文理科，他特别想上文科班，但理科班有3个，而文科班只有1个，收的人少，他没进去，就很不情愿地上了理科。

戴哥当时雄心很足的，为了能上文科班，他曾给校长写信说：“只要让我进文科班，两年后炮中会多一个考入北大中文系的学生！”但校长还是没点头。愿望没达成，他有些自暴自弃，一门心思凭着自己的兴趣往前闯了。

我记得当时他常背着个军用黄挎包，虽然不是很新，但在当时也很显摆。挎包里装得最多的就是小说，还有他准备要投寄的稿件，如果我没记错的话，当时徐州有本《大风》杂志，戴哥经常往杂志社投稿。

戴哥家很穷，如果不是那时国家邮电规定只要是投稿，在信封上剪去一角就不用贴邮票的话，他连投稿都投不起。他满怀希望地将稿子寄出，经过漫长的等待，常常不是杳无音讯，便是收到杂志社的退稿，这时戴哥的脸都变青了。对此，我们是看在眼里，替他担心，担心他内心崩溃。

然而，戴哥是个坚强的人，愈挫愈勇。功夫不负有心人，努力终于没有白费，杂志上没戏，但《徐州日报》发表了他的处女作。自此，他也成了当时学校的名人，深得同学们的喜爱。

1987年，我们高中毕业了，我和戴哥都没能考上大学。我记得那时考学特难，升学率极低，一百人中能考上几个就不错了。我常和戴哥说：不是我们成绩不好，只是国家录取的太少。戴哥抬头向着45度方向的天空，说："是啊！"

在人生的十字路口，一个懵懂少年面临着重要的抉择。到后来才知道，戴哥、启军还有几个同学和我一样，一腔热血地选择了外出打拼。再后来，几个打拼的同学，有做生意赚到大钱的，有当了干部在党政军机关做事的，都混出了一些样子。

打听戴哥，知道他边打工边读书，居然进入了京城一家报社当记者。他的文字功底让他在报社里如鱼得水，我们经常能看到他在全国各地写的文章，名气也随着时间的推移、阅历的增长越来越大。

可能是由于他勤于思考、善于发现的头脑，让他觉得自己办的报纸版面还不够大，不足以容纳他的理想抱负，所以在我们这些人都觉得快到知天命年龄，没有什么好追求的时候，他却自学新媒体，自办了微信公众号“鲜为人知”，通过新的平台实现“小故事大视野，从这里读懂生活”的心愿。

也许因为戴哥本身的朴实无华，“鲜为人知”公众号里的文章，从来没有高高在上的说教，全都是生活中一个个琐碎的故事，但总能让人从这些故事里读出思想，读出教益，读出趣味，明白人生的目标，给人以前行的力量。最难能可贵的是，他写这些文章，完全不占用工作的时间、工作的资源，都是利用别人喝咖啡或者睡觉的时间，悄无声息地完成的。

至于戴哥为什么要这么做，他的回答却是，“怕自己年龄大了脑袋变迟钝，所以要不停地写写写”。其实作为最了解他的我们这些同学明白，他这是真诚热爱生活的表现。唯有热爱，眼睛里才能发现美，胸膛里才能有激情。

戴哥对待他的公众号订阅者，也像一个大哥一样给予关爱，时不时地发表他们的文章，倾听他们的心声，与他们互动。在今年春节来临时，他举办了一场“心动瞬间——我的第三眼”随手拍比赛，并自己出钱买奖品，在粉丝群里举办了一场有声有色的颁奖典礼。

戴哥的这些有温度的故事，年近半百仍然笔耕不辍的精神，同公众号订阅者真诚的心灵沟通，也赢得了许许多多忠实的粉丝。

这些粉丝忠实到什么程度？我听说，在大家得知“鲜为人知”上了榜单后，号召“在感动中寻找力量”“硬骨头鱼”“永远的信仰”“鸿雁南飞”“忠诚”“海月亮”“逐梦”“李生辉”等等粉丝，迅速自发组成宣传推广团队，并对其他上榜公众号加以学习研究，然后推介投票。看到票数上去了，欢呼雀跃；看到被别人追上了，心急如焚。因为每天都有一次投票机会，不少人当天投完了票，都是熬到零点再投一次才能睡个安稳觉。小草、静云禅、期待、鑫海逐浪、逗逗、爱啃沙丁鱼等粉丝，每天不停地在各个群里发链接，号召参与投票。

他们说，这个社会太需要正能量，戴哥的宗旨是“手拉手传递正能量”，我们能够参与到这评选正能量榜样的投票中来，本身就是传递正能量，觉得十分有意思，也很有意义。而戴哥跟他们轻描淡写地说，票数多少没有关系，搞公众号，从没想过哪一天登榜，只是想通过自己的故事给人启发，消除一些人心灵情绪上的雾霾，多些晴朗天空。

讲到这儿，“鲜为人知”这样一个小公众号，或者说戴哥一个小人物，何德何能，居然能进入全国网络正能量榜样人物的榜单，大家心里是不是清楚了呢？

我们祝福戴哥！

序 2 戴哥的小故事和大视野

何　晓/文

“书要出了。写几句话吧。”

2016年11月9日，接到戴哥的这条微信留言前，我正如观影一般关注着美国大选；接到这条留言后，我和戴哥客气了几句，再点开朋友圈，“川普赢得美国大选”的消息已经刷屏。看了一圈儿，我突然想到自始至终，我对这个“全球新闻”的关注途径，竟然只有微信朋友圈！于是，我立即打电话问了一些朋友，有几位的答案稍微有些不同，不过，也只是在微信朋友圈之外，加上了新浪微博和车载广播。

看来，微信以及其他社交媒体，的确改变了我们的生活。

我和戴哥就是通过微信朋友圈认识的。

2015年春节后，上班第一天，我在朋友圈看到一篇文章，题为《过年，听军人讲娘的故事》。这个标题，对父母已年过古稀且没能回家过年的我来说，极具诱惑。我毫不犹豫地点开，开篇的一段话就看得我眼泪扑簌簌往下掉：“今年春节因为值班，我不能回农村老家过年，当然也就吃不上母亲亲手做的一桌好饭菜了。坐在值班台前，我遥望着家的方向，仿佛又看到母亲和父亲孤独地蜷缩在沙发里瞅着电视，一副似睡非睡、老态龙钟的模样。听老家的亲戚说过，春节里没有我们的日子，我的父母亲都是边叹气边草草地吃完所谓的年夜饭，然后就对着电视机发呆了……”天下所有没能等到儿女回家的父母都是这样过年的吧！接下来，作者开始讲母亲的故事，就像是在大雪夜的火炉边给来自远方的朋友讲一个埋在心里几十年的故事……

这正是我喜欢的语言、我喜欢的故事、我喜欢的讲故事的方式！看完全文，愣了一会儿，我转发了这篇文章，并留言：“万能的微信，求本文作者的联系方式。”随即，点赞不断、留言不断，有朋友“触文生情”评论文章、有朋友像柯南一样通过文中的信息推断作者是谁，也有朋友先点赞，隔了一会儿才通过私信的方式，把作者的微信名片发给我。后来和戴哥熟悉了才知道，这位我们共同的朋友先把我的意思转告了戴哥，征得同意之后，才把戴哥的联系方式给了我。

就这样，我联系上了戴哥。后来，这篇文章刊发在了我任职的杂志当期的“悦读”栏目，戴哥也很快通过邮局收到了样刊。

然而，我和戴哥之间的交往却不仅仅只是一篇文章、一本杂志、几条留言。

就在我联系上戴哥的第二天，我的朋友圈被一篇文章刷屏，标题是《一个军嫂的家国情怀》。我点开并拜读了那位海军军嫂的故事之后，立即关注了推送这篇文章的微信公众号“鲜为人知”。查看历史消息，发现有一篇文章的标题是《俺娘的故事——军人的母亲是不是都有一副菩萨心肠》，心里一动，忙点开，发现内文与我编辑的那篇一样，不过，推送时间较早。这才明白，我最初看到的，是转载的，而这一篇才是首发的。前前后后又看了几篇，大多都是戴哥的原创小故事，我终于反应过来：这是戴哥传递正能量的“阵地”！

“小故事大视野，在这里读懂生活”是“鲜为人知”公众号的“功能简介”，也是我和很多朋友汇聚在这里的原因——后来，公众号更名为“戴哥说事”，而这个“功能简介”依然没变，不少朋友在这里发表自己的作品，也在这里欣赏别人的作品，再把大家的作品转发出去，让更多人看到，让更多人加入进来，真是寓教于乐、其乐融融。也正因为戴哥始终坚持这个方向，公众号的影响越来越大，以至于成为“2015年度百名网络正能量榜样”！

这个荣誉，也让我更坚定了自己早些时候向戴哥提出的一个建议：将他在公众号推出的文章结集出书。这个建议是我关注公众号不久就向戴哥提出的，因为我始终记得自己第一次读他的文章时的感觉，更坚信他这些“接地气、真感情、有内涵”的亲历小故事有足够的正能量，能打动更多人。

从朋友圈得知戴哥收到了人民网寄来的获奖证书和精美宣传册后，我再一次向他提起这个建议，并趁热打铁，请他和出版社的朋友见面聊聊……之后，出版工作进展得比较顺利，只是因为我要完成一个纪念长征胜利80周年的选题，耽误了一段时间。不过，等我忙完那个选题时，却惊喜地发现戴哥又推出了好多新文章，于是，赶紧和出版社编辑沟通，对原来的书稿做了补充。

现在，这本书就要出版了。于戴哥而言，用心写一篇文章，过程中的喜悦是无以言表的；于我而言，用心联系出版一本书，过程中的喜悦也是无以言表的；于“戴哥说事”的读者和群友而言，眼看着这些文章一篇一篇地推出来，又眼看着这些文章结集成书摆在自己面前，其中的喜悦，同样是无以言表的吧！

通过“戴哥说事”，戴哥把他的正能量传递给了微信群友，以及群友的群友；而通过这本书，戴哥会把正能量传递给更多的读者。

来吧，让我们一起阅读戴哥的小故事，并通过这些小故事拓宽我们自己的视野吧！

目 录

爹娘·我们的父母，在一天天变老

Part 1

当岁月在爹和娘的脸上刻上越来越多的皱纹时，我也长大成人，从军入伍，事业起步，并且组建了一个新的家庭。时代的变迁，让吃饺子不再是奢望，想什么时候就吃什么时候吃，猪肉、牛肉、羊肉，想吃什么馅就吃什么馅，也根本不用再吃什么“针线筐”甚至是面片了，而唯一没变的还是过年包“钱饺子”这个传统的习俗。

过年，听军人讲娘的故事

（是不是天下军人的娘都有一副菩萨心肠？）

今年春节因为值班，我不能回农村老家过年，当然也就吃不上母亲亲手做的一桌好饭好菜了。坐在值班台前，我遥望着家的方向，仿佛又看到母亲和父亲孤独地蜷缩在沙发上瞅着电视，一副似睡非睡、老态龙钟的模样。听老家的亲戚说过，春节里没有我们的日子，我的父母都是边叹气边草草地吃完所谓的年夜饭，然后就对着电视机发呆了。

母亲的确老了，已经年届七十，印象中那个头上裹着花毛巾、在农田里一忙就是一整天的农村妇女，如今似乎只能在厨房里忙活了。但我也曾经看到，母亲即便是端着一个碗，手也抖得厉害，身子骨已经大不如从前。

然而，在我的心里，逐渐变老的母亲，那一副菩萨心肠却一直没有变。回想起母亲做过的那些善事，我有时觉得不可理解，甚至怀疑是不是死心眼儿，但这的确就是我的母亲。现在，就随着窗外夜空的漫天烟花，来唠唠母亲的故事吧。

（一）送子当兵

1987年的七八月间，我没有考上大学，回学校复读没多长时间，征兵开始了。怕家里反对，我就在学校里偷偷报了名，还参加了体检，竟然一路绿灯。直到大队民兵连长带着征兵干部——一个穿着海军蓝的帅气的军官到我家走访，俺大（大，在俺地方方言是父亲的意思）、俺娘才知道此事。俺娘当时就愣住了，而后眼泪哗地就流下来了。

也难怪，我是家里的老大，也是唯一的儿子，下面还有三个妹妹，父母也没有任何思想准备，长到20岁从来没离开过他们的身边，冷不丁地就要出远门，哪里能接受得了！

带兵干部知道了我家的情况，皱了皱眉头说，你们再考虑考虑，明天我再来，你们给我回话，像你们家这情况，这孩子不走也行，不过有点可惜，部队就缺这样有文化的（听说那时部队上普遍文化程度不高，小学生、初中生占多数，高中生就算高学历了）。

当天晚上，我在俺娘身边软磨硬泡，其实一个意思，就是下定决心要当兵。俺大倒是没什么意见，就是俺娘什么也不说，就是一个劲地流泪。村上的亲戚听说了也都到我家来，数落我这个孩子没孝心没良心，爹娘辛辛苦苦把你拉扯大，能种田耕地养活家了，却要往外跑，再说了“好铁不捻钉，好男不当兵”，你好好地去当个什么兵！

我看大家都这么说，感觉没什么戏了，扭头回自个儿屋蒙头睡大觉去了。

第二天一大早，民兵连长就和带兵干部来了。带兵干部说：“大娘，您是咋想的，让孩子走还是不走？”

俺娘扯着嗓子对我屋里喊我：“小海（我的小名），你首长来了，就你这样睡懒觉，部队上还能要你！”我一听，俺的亲娘哎，这不是同意了嘛！我大喜过望，一骨碌爬起来，赶紧跑到院子里，冲着带兵干部和俺娘、俺大一个劲地嘿嘿傻笑。

带兵干部也没想到这么顺利，反过来笑眯眯地问俺娘：“大娘，您怎么就同意了？”

俺娘说：“老话儿都讲，儿大不由娘，他想干的就让他干去吧。再说了，你昨儿个不是讲嘛，部队里缺高中生，他要能算块料，就让他去当个料使吧。俺昨天拦着，其实也没别的，就怕他到部队吃不惯，这孩子在家就是吃煎饼，米饭馒头一口都不尝，部队哪有煎饼吃啊，还不饿瘦了？”

带兵干部乐了：“大娘，原来是这样啊，您放心，到部队，什么都能吃惯了。”

俺娘说着话，转身回了屋里，把我的被子用席子卷着就抱了出来，往院子里一放，对带兵干部说：“首长啊，听说部队上那被子叠得都是四方块，俺这孩子懒，在家从来不知道叠被子，你现在就教教他，让他这段时间在家练练，省得到部队拖后腿，丢人。”

带兵干部哈哈大笑，说：“大娘，您也太心急了吧，昨天还不愿意让孩子走，今天就让他学叠被子！”

俺娘说：“笨鸭子先行啊，咱要去干，就得干个样子出来。首长你不知道，过去俺家受孩子奶奶的舅舅成分不好的牵连，什么考学、入党、当兵的好事都没俺家的份儿，现在不兴这个了，咱的孩子也能当兵了，这是光荣的事儿呀，可得要好好干，对得起共产党！”

带兵干部说：“大娘，您真是一副菩萨心肠啊！”

这是我第一次听到有人说俺娘“菩萨心肠”。

那年年底，我参军入伍漂洋过海到了东海前哨的一个海岛上。我给俺娘写信说，不管什么馒头米饭的，不仅都吃习惯了，还得抢着吃，不然一会儿就光了。

（二）换鸡蛋

1993年，我从军医学院毕业后，被分到了北方的一座小城。在卫生队工作不到一年，就被调到一个军级单位任新闻干事，成天跑基层，媳妇怀孕了也照顾不上。俺娘知道了，马上从老家过来伺候媳妇。1998年3月份，儿子降生了，俺娘更是高兴，洗尿布、哄孩子睡觉，忙里忙外的。不过，老人家心里有数，不管我们怎么劝，就是不和我们住一起，非要在外面租了个小房子住。

俺娘租住房子的对面那家，是一户小夫妻，看着俺娘一身乡下人打扮，每天早出晚归，就以为是拾破烂的。有一天晚上，俺娘从我家忙回来已经很晚了，看到门口放着两个蛇皮袋，没封口，打开一看，是大米，不过上面爬满了虫子。

俺娘不知咋回事，就敲开了对门的门，小伙子出来了。俺娘说："小伙子，你知道是谁把米放在这里的吗？是不是给你家的，放错地方了？"小伙子连忙解释说："阿姨这是我家的米，招了虫子，我们俩白天都上班忙，也没时间晒，我们不要了，觉得扔了吧怪可惜的，您看看能不能晒晒，捡干净虫子，留着吃了吧，您别嫌弃就行。"

俺娘说："哦，是这样啊，我先帮你们收着。"

第二天，正好是大太阳天，俺娘找了块大塑料纸，在太阳地上把米平平地铺开，在毒日头下晒了一整天，虫子几乎全爬跑了，剩下的被俺娘一个个捡出去，又装好了袋子，晚上给小伙子家送了过去。小伙子和他媳妇连连说："这哪成啊阿姨，我们真的不要了，您就留着吃吧，省得您花钱买了，您这日子看上去也不怎么富裕，就别嫌弃了。"

俺娘拗不过，拎了回来。第二天，正好小区里来了换鸡蛋的。俺娘就用那两袋米换了整整12斤鸡蛋，晚上又给小两口送了过去。小两口一听这鸡蛋的来历，连连说：“阿姨使不得、使不得，您留下自个儿吃吧。”

俺娘说：“俺啥也不缺，你们小两口刚成家立业也不容易，再说你们的米换来的鸡蛋就应该是你们的，俺还寻思着，让那换鸡蛋的给俺写个条，好证明就换了12斤，换鸡蛋的说没带纸笔写不了，还笑话说俺这老太太给谁换啊这么认真，你们要是相信俺，就拿了这鸡蛋。”

小两口一听这话，没法，只好收下，连连说：“阿姨，您真是菩萨心肠啊！”

（三）义务保姆

孩子4岁的时候，我调动了工作，带着媳妇孩子离开小城来到了京城，因为新单位还没有住房，俺娘留在小城没有跟过来。

每天，俺娘还是准点从出租屋来到我曾住过的那个部队家属院遛弯儿。在那里，她曾经背着大孙子遛了4年，从没松过手，如今大孙子突然从身边离开了，俺娘心里空落落的。每天在那里，看着其他的老人逗孙子孙女玩儿，她就在边上看着，一脸的羡慕。俺娘每天就在那里走啊走啊，看啊看啊，好像她的大孙子能突然冒出来似的。

有一天早上，俺娘又来到了家属院，在鸳鸯楼前，一对年轻的军人小夫妻牵着一个1岁左右、哇哇大哭的孩子愁眉苦脸的。小媳妇不住地埋怨小伙子说：“到底怎么办，你到是想个办法呀！”小伙子急了：“你就知道怪我，这临时的事上哪找去？”俺娘以为孩子生了什么病，因为自己带孩子有经验，就上去问怎么回事，一问才知道，不是孩子生了什么病，而是孩子的奶奶老家突然有事，头天晚上回老家了，小两口是双军人，都要上班，保姆也没找好，孩子没人带，急了。

俺娘一听是这事儿，说：“这样吧，你们要是相信俺，孩子交给俺，去俺家也行，在你家也行，你们安心上班去。”小伙子还犹豫，说：“行吗？”俺娘以为他怕俺娘带不好孩子，就说：“俺把孙子带到了4岁，小孩子啥脾性我都知道，你们就放心吧。”小夫妻俩也是没有办法了，半信半疑地就把俺娘带到了他们家。

那晚小两口下班回来，看着孩子不哭不闹玩得正欢，甚是高兴，就说：“阿姨我们准备请您当保姆，您看工资多少合适？”俺娘笑了，说：“俺这辈子还没使过工资呢，老了还使起工资来了？你们小两口放心，你们就把俺当孩子的奶奶，一分钱不要你们的，反正俺也是闲着没事。”小两口说：“阿姨您要是不要工资，我们就不请您了。”

俺娘说："不请俺也成啊，孩子别受罪就行。"说罢起身要走，孩子一下子扑到俺娘身上来，直喊："奶奶别走，奶奶别走！"

"行啦行啦，那就请您帮助照看孩子吧。这孩子看来认您。唉，忘了问您，您中午饭怎么吃的？"小两口这时才想起问俺娘这个问题。"俺在门口小吃铺喝了碗粥。""那哪成，阿姨今后您就把这当自己家，想吃什么就做什么，再说孩子也得吃，您一老一小，想怎么吃就怎么吃。""那行，俺保证不会让孩子饿着。"

后来知道，小伙子的父亲生了大病，他的母亲连夜赶回老家照顾了。俺娘整整帮着照看了一年孩子，那孩子每天白天趴在俺娘背上四处玩，晚上俺娘要给他讲故事，等孩子睡了才能回她的出租房，否则孩子就不睡觉，哭喊着找奶奶，他爸爸妈妈都哄不好。这对军人小夫妻也待俺娘跟亲娘一样，不外道也不客气了。

有一天深夜两点多，俺娘的手机突然响了（我为了与娘联系方便，专门为她买的），那头传来小伙子媳妇带着哭腔的焦急声音："阿姨，孩子发高烧了，他爸出差了，我走不开，您能不能到街头的那个小药店帮我买点药？孩子上回吃了就好了。"俺娘二话没说就答应了。小伙子媳妇报了药名，俺娘赶紧爬起来，往那药店跑。当时正值冬天，刚下过一场雪，路上滑得很，俺娘在回来的路上，在昏黄的路灯下，一不小心滑倒了，瘫在冰碴上半晌没有起来，差点背过了气。后来跌跌撞撞赶到小伙子家中，媳妇忙不迭地给孩子喂完药，才发现俺娘有点异样。当问清楚情况后，小伙子媳妇一把抱住俺娘失声痛哭。

一年以后，孩子的亲奶奶回来了，我在新单位也有了房子，准备把俺娘接过来了。听说俺娘要走了，孩子搂着俺娘的脖子撕心裂肺地哭喊着："奶奶不要走！"俺娘也哭，抚摸着孩子的头说："娃儿，那才是你的奶奶，你的奶奶回来了。"越说孩子搂得越紧，脚上连踢带蹬的，拼命哭。小夫妻俩也抹着眼泪，拿出一沓钱说："阿姨，这一年您也够辛苦的，这点钱不管多少都是我们的一点心意，您收下，买几身衣服穿吧。"俺娘直接回绝了。

那晚，小夫妻俩帮俺娘买了火车票，把俺娘送上了火车。火车开了，小两口还跟着火车跑，不住地冲着脸贴在车窗上的俺娘挥手，一直到火车咣当咣当地开远……站在风中，小两口直感叹："这阿姨，真是个菩萨心肠的人呐！"

俺娘的故事讲完了。我一直在想，是不是天下军人的娘都是一样的菩萨心肠？

如果不是，为什么她会舍得把心头肉送到部队放哨站岗，为大家不顾小家？

如果不是，为什么她日子过得再苦，电话里却总说很好很好，不要惦记我？

如果不是，为什么当你为不能常回去看她而纠结时，她却叮嘱你部队上的事重要，娘一切都好？

如果不是，为什么当你寄了一大包好吃的东西回去，她却散给了左右邻居？

如果不是，为什么她千里迢迢来看你，带了大包小包你根本看不上眼又舍不得扔的东西？

如果不是，为什么她把你给她的生活费，转手偷偷给了孙子孙女？

如果不是，为什么当你为她一天天老去而难过时，她给你的永远是一张可亲的笑脸？

这是最平凡的母亲，这是最伟大的母爱。这母爱里，溢满了朴素而真实的家国情怀！

纵然你不愿向善，也不要背道而行

70岁的老母亲，一个饱经风霜的农村老太太，在一次聊天时不经意地向我讲起了一件令我十分吃惊和后怕的事。

那是10年前，父母在京城给我看孩子时，有一天一大早，父亲骑着三轮车载着她，从外面买了早点回来，当经过莲花桥下时，是个下坡路段，父亲忘了刹车，三轮车快速冲下，惯性将坐在车上的母亲甩了下来，重重地摔在机动车道上。然而，万幸的，不仅仅是母亲没有受伤，而是在平日里车来车往的莲花桥下，此时竟然没有一辆机动车通过！

听完母亲的讲述，我的心扑通扑通直跳，怪母亲当时怎么不说，应该去医院好好检查一下的。而母亲却平静地说："放心吧，现在不是还好好的嘛。"我说："那天要是正好过来一辆车，可就惨了，是不是娘善事做多了，善有善报啊。"母亲淡淡地说："反正多积德行善，老天爷也是长眼的。"

父母年轻时就是十里八村有名的善良人，虽然日子过得拮据，但谁家缺吃少穿，他们心里会很难过，家常的盐豆咸菜总要匀点出去。我还记得我上初中时，学校离家三四里地，父亲骑着一辆自行车，前边大梁上斜坐着我，后面坐着村上一个无亲无故的旁姓孩子，带饭也是备着两份。

若干年后，那个孩子上了大学、有了工作，回乡探亲还专门拎了点心上门来看望我父母。他很健谈，也不避讳，说那时候他的家境在村里是最差的，我父母送的盐豆咸菜对他们家来说都是奢侈品，每次饭桌上姐弟几个谁多吃一口，都会被他母亲敲筷子。那情形，有点像望着房梁上的一块熏肉吃饭。

他还回忆起一块坐车上学的事，说：“每次大叔推自行车绕到我家门口喊我去上学，我都想哭，我一个外姓孩子，家里穷得揭不开锅，大冬天全家就一条破棉裤，谁出去谁穿，人家恨不得躲我们远远的，大叔大婶却惦记着。那时我就发誓，一定要好好上学，等出人头地了，把你们当亲爹亲娘养！”

父亲笑着说：“你家要是大富人家，俺们还不攀了呢。”母亲说：“孩子啊，俺不要你养，你现在工作了，有能力了也多去帮帮别人，不一定让别人记着你的好，可是会求得自己内心的一份安生。如果你没有能力去做好事，也不要去做坏事。”

看来，向善真是一种力量！对受者来说，可以激发他的潜能，让他克服暂时困难，向上，向上，再向上；对施者来说，让他看到别人变好，自己的内心得到安生，给予，给予，再给予。

我过去十分纳闷，父母并不是什么真正意义上的宗教信仰者，顶多过年过节时拜拜观音像，烧几炷香，可他们却如此虔诚地向善行善——父亲经常顶着烈日或冒着大雨，为村东边的一条土路修修补补；母亲呢，我在文章《过年，听军人讲娘的故事》里有过不少描述——义务给别人看孩子，拿别人家赠予的大米换鸡蛋还给别人……思来想去，我觉得他们真正信奉的是中国的一些老话古语，比如，“上善若水，厚德载物”“积善之家必有余庆”“福在积善，祸在积恶”等等，这是老祖宗留下的话，似乎带着点宗教色彩的哲学。实际上，任何一种宗教，它的核心部分必然有哲学。哲学也好，宗教也好，都是要给人一种终极关怀。只不过，宗教把终极关怀放在彼岸世界，放在来世；哲学把终极关怀放在此岸世界，放在现实。

中国人不信宗教已是世界公认的，但中国人有自己的老祖宗的朴素哲学智慧，他们从老子、孔子、庄子那里获得了更高的精神价值。这是他们的聪明之处，不需要任何仪式和规矩，只要乐善好施，便能找到现实世界中的精神皈依。父母即是如此。

但并不是生在孔孟之邦，就该一律“善”字当头。当下，老人摔倒扶还是不扶，成了一个尴尬的问题，都说坏人变老了。我在老家还亲眼看到，一个欠债人的媳妇，堵在债主的家门口理直气壮地骂，理由是因债主要账，“逼”跑了她的男人，非要跟人家没完——稍知一些礼义廉耻，断然不会出现这些乌七八糟的人和事。

还是想起了母亲的那句话，“纵然你不愿向善，也不要背道而行”。内心深处，留一些善念给别人，行一些善举为别人，哪怕一个温暖的笑容，一句关怀的话语，让人心存在了一分感激，这是“送人玫瑰、手留余香”的美。如果做不到，请留在原地，不要走向相反的方向，心起一丝的恶意。你不在乎天上的一朵莲花，但上天在乎你。

人在做，天在看。佛说，你在世间做一件善事，极乐世界便为你盛开一朵莲花。我在想，莲花桥下躲过一劫的母亲，是否因莲花拥簇，坐在了莲花之上？

一句话、一辈子、一生情

有些话，只在家庭里才能听得到，让你记住一辈子，回味一辈子，满满的都是真情。

“我一抬头，忽然看到海子头上有不少白头发了，当时心一酸，眼泪都下来了。”

——大年初一中午，我和妻子带着从乡下来的老父亲，坐地铁去地坛公园看庙会。母亲腿不好，留在家里没去。回来后，母亲问父亲庙会怎么样，父亲没怎么谈庙会，却跟母亲发了一通在地铁里突然看到我这个儿子头上已经有了白头发的感慨。70多岁的老人其实已经满头霜雪，却为儿子生了一些白头发暗自垂泪，真是“不叹老身已日暮，还怜膝下白发生”，护犊之情可见一斑啊！

“那时候我想我能看到你爸爸成了家，一家三口牵着手逛公园，我这辈子就知足了。”

——老母亲跟孙子聊天，说起她早时的梦想，就是能看到我娶个媳妇，生个孩子，然后一家三口和和美美地过日子。老母亲还对孙子说：“你还记得你小时候咱们一起去公园，你当时四处跑着玩，我把你叫过来，故意让你去拉着你爸爸妈妈的手一起走。我当时在后面看着，很满足了，这辈子什么也不要了……”老母亲的小小愿望，其实就是中华传统文化的基本价值取向“和谐”。在老人的眼里，家庭的和谐是最宝贵的财富啊！

“当多大的官都不要飘，马大值钱，人大不值钱。自大一点就是臭。”

——在我职务晋升之后，妻子吹“枕边风”时这样对我说。有些话，听起来不舒服，但不是至亲绝不会说。也只有至亲的人，才会经常给你泼泼冷水，拉拉袖子。如果哪位朋友这样对你说，你一定不要生气，他一定是你的诤友。你要像对待至亲那样对他，而不是从此关系慢慢疏远。高头大马一定能卖个好价钱，人自高自大不是被人瞧不起就是敬而远之，自大一点真的就是“臭”字。

“我是你们的孩子，听从你们的管教天经地义，但不能管得太死了，我长大了。”

——孩子有一天晚上跟我和妻子谈心时，这样说。孩子不管长到多大，在父母眼里还是孩子，这没有错，错就错在还是把他当小孩子那样去管教，这不能做那不能做。孩子坦陈：“我知道你们管我，是因为我是你们的孩子，邻居的小孩你们才懒得去说，但凡事不能走极端，好多事我心里是有数的，比如玩，你让我玩个够我就可能有好心情做作业，你一点不让我玩，我心里老想着，哪能集中精力做作业？”沟通、理解，家庭关系的桥梁，不管是夫妻之间、婆媳之间还是与孩子之间。

“孩子，你长大后不要出国，最好考北京的大学，每个星期都能回家，这辈子我能多看你几眼。”

——我跟孩子说的这番话虽然有点自私，但代表了一种传统的心态。中国老话讲“父母在，不远游”，说的是孝心孝敬，但也可理解成父母对孩子的一种牵挂，“儿行千里母担忧”嘛。父母与孩子之间的亲情，说到底是一种缘，缘深缘浅，虽不在远近，但有生之年多多地在一起相处，毕竟是一种福分。希望孩子也能理解这种心情，走得再远也要把父母放在心上。

过年包个“钱饺子”

在中国的北方地区，过年时家家要包“钱饺子”，就是在饺子里包上一枚硬币，谁吃到了就代表谁在新年里会财源滚滚。而在喜甜食的南方，包的则是糖果，寓意生活甜甜蜜蜜。不过，谁都知道，不管包的是什么，都不过是一种讨吉利的节日风俗，给合家团圆添一点乐子而已。

我的少年时代，是20世纪的70年代，那时农村生活还很贫困，即使是过年，也吃不上肉。但那时有一个传统说法是“谁过年还不吃一顿饺子”，就是说即使再穷，饺子也是要吃的，才算过年，才有年味。

（一）

小时候吃的饺子全是白菜豆腐馅的，虽然“素”，但“钱饺子”绝不能少。大年三十，吃完清汤寡水的所谓年夜饭后，全家人便围坐在一起和玉米面、剁馅、擀皮、包饺子，娘从一个瘪瘪的花布钱包里找出一枚二分的硬币，包进一个饺子里，和满盖帘的饺子混在一起。午夜时分，放完鞭炮便开始煮饺子，熟了后分盛几个小碗，放在院内、门边、灶边，说是敬老天、门神、灶神，然后是我们吃。

娘包的饺子，有两种，一种是正常的半月形，馅儿足，鼓鼓的，另一种是捏着花边的圆形饺子，叫“针线筐”，是最后看到馅儿不够时两张饺子皮合在一起包的，省馅，确实像大人做衣服用的针线筐。当然，如果饺子馅包得一点不剩，而饺子皮还剩着，那就干脆切成面片和饺子一起煮了。

饭桌上，没馅的面片和馅少的“针线筐”，都是娘和父亲的专利，胖嘟嘟的饺子都是先尽我和妹妹吃，所以硬币不是被我吃到，就是被妹妹吃到。当我吃到时，我就手舞足蹈，高兴地直喊“哦哦，长大我会有钱喽”，当被妹妹吃到时我就不开心，问娘：“干吗不多包几个有钱的饺子？”娘笑着说：“包多了就不灵了。”

（二）

光阴荏苒。当岁月在爹和娘的脸上刻上越来越多的皱纹时，我也长大成人，从军入伍，事业起步，并且组建了一个新的家庭。时代的变迁，让吃饺子不再是奢望，想什么时候吃就什么时候吃，猪肉、牛肉、羊肉，想吃什么馅就吃什么馅，也根本不用再吃什么“针线笸”甚至是面片了，而唯一没变的还是过年包“钱饺子”这个传统的习俗。

那一年，我和妻子回江苏老家陪父母过年，丰盛的年夜饭过后，便和爹娘一起边看春节联欢晚会边包着饺子。在其乐融融的氛围中，忽然想起始终没弄明白的孩提时代的一些事，便问娘：“娘，我记得小时候吃饺子，不好吃的‘针线笸’和面片都让你和俺大吃了，干吗不用来敬老天、门神什么的？”

娘笑着说，“你这孩子，敬什么不得心诚啊，怎么能用‘针线笸’和面片糊弄啊！”

我又问：“您和俺大也吃过饺子，怎么从来没见你们吃过钱呢？”

娘说：“我在捏饺子褶子上，做过记号的，看到记号的，我不夹，你大不知道，夹了，我就用胳膊肘抵他，他明白就会换一个夹。当年啊我想，我们这辈子就这样了，希望你和你妹长大后有好福气。”

弄明白了小时候的问题，自己的眼睛忽然间湿润起来。我望着已添了许多白发的娘说：“娘，今儿咱不包一个，有几口人就包几个，也不用做记号了，谁都有机会吃着，让每个人都有福！”

娘又笑了，说：“行啊，我的眼也花了，手也哆嗦了，做记号也做不好、看不清了！”

那一个春节，爹和娘平生里第一次吃到了“钱饺子”，而且一人吃到了俩。爹娘非常开心，笑得合不拢嘴说：“老来福，老来福，到老了还真的有福了！”我和妻子都跟着笑，说：“当然当然，吃了一辈子苦也该享福了！”

休息的时候，妻子偷偷跟我说：“我还真怕你做的记号给煮变形了呢！”

（三）

小时候盼过年，为了吃顿好的，眼巴眼望，一年好像十年那么漫长；成家立业后，埋头工作、经营家庭，觉得十年就像一年那么快，仿佛上一年饺子的香味还在唇齿之间，下一年包“钱饺子”的时刻又来到了自己面前。总是没感觉自己变老，可分明许多个吃“钱饺子”的年头都一晃而过，而且家中还多了一个淘气的孩子，便忽然深深地体会到成语“似水流年”的意蕴了。

泱泱中华，要说文明上下五千年赓续不息，是因一代又一代人的传承不止。这不，生于1998年的儿子，已经有了许多新生新奇的事物可以去接触，与我的童年完全是天上和地上两个环境，但自打他记事起，就对过年吃“钱饺子”怀有莫大的兴趣。每每一盘盘热气腾腾的饺子端上来，淘气的他早已迫不及待地下筷，挑有可能包了钱的饺子，吃到了一个，高兴地又唱又跳。娘一脸慈祥地说：“那神态与我小时候一模一样。”

每每这个时候，妻子便会教育儿子说：“要懂得尊敬长辈，先让爷爷奶奶吃。”儿子噘着小嘴，不服气地说：“我是小孩，爷爷奶奶是大人，大人要爱护小孩，先让小孩吃！”妻子生气地说：“独生子女就是不好，被溺爱惯了，自私！”娘说：“孩子嘛，都这样，来来来，大孙子再吃，看有没有钱。”儿子果然又吃出了钱，大呼小叫的。

我在一旁偷笑，娘是把刚才她孙子吃出的硬币又塞进了饺子里夹给他。儿子还小，哪懂这些，高兴得忘乎所以，也不管他刚才吃出的硬币放哪儿了。别人吃出了硬币，也不声张，也悄悄地塞回饺子里夹给孩子。就这样，明明包了5个硬币，最后能被儿子吃出七八个来。娘说，我大孙子将来肯定有福气！儿子骄傲得像只小公鸡，拍着胸脯，打着饱嗝说：“饱了！”

时间真快！印象里一直被爷爷奶奶驮在背上的儿子，有一天我突然感觉他长大了。

事情还是与过年吃“钱饺子”有关。儿子读高一那年的春节，学习压力比初三时候明显小了，我们将父母接到了北京过年。两位老人都已年近七旬，但一看到快长到一米八的孙子，高兴得老泪纵横。娘喃喃地说：“大孙子我再也抱不动了，抱不动了。”儿子说：“爷爷奶奶，你看你们的腰都有点弯了，是不是那时背我背的呀？来，我给你们捶捶。”

除夕之夜，仍然是包饺子、看春晚。零点的钟声敲响之后，儿子带着爷爷在小区里放完鞭炮回来，娘和妻子将鼓得像一只只小肥鹅的饺子也端上了桌。我注意到，儿子专捡最大个的饺子挑给爷爷奶奶，说："爷爷奶奶你们多吃，吃得越多，吃到钱的机会就越多，福气就越多。"俺大和俺娘果然相继吃到了钱，高兴地笑着，皱纹都咧开了。

我有些奇怪，问儿子你怎么知道那些饺子里有钱。儿子说："这还不简单嘛，我观察到你们包时要裹进一个硬币，就要多放一点馅，个头就会比别的饺子大呀。"

我说："你跟过去不一样了啊，不抢着吃'钱饺子'了。"儿子平静地说："我过去吃得太多了，该还一些给爷爷奶奶了。"

那一刻，我惊喜地打量着儿子，不说话，向他点点头。

人生最值得珍惜的是亲情，人生最值得骄傲的是成长。这两种情感，在家庭中间、在老小之间传递和轮回，让长者看到血脉延续的未来，得到心灵的安慰；让少年看到无悔无私的付出，培植感恩的情怀。我相信，所有的福报都来自心灵，一切的付出都终将得到偿还！

一个包了钱的饺子，吃不出金钱财富，但能吃出比金钱更可宝贵的、更无法衡量价值的东西，这便是人间的真情，还有我们成长的喜悦！从这个意义上说，吃到了硬币，便真的吃到了福气！

父亲三改《东方红》

“东方红，太阳升，中国出了个毛泽东。他为人民谋幸福，呼儿嗨哟，他是人民大救星……”歌曲《东方红》是一首曾经家喻户晓、老少传唱的经典歌曲，深情表达了人民大众对伟大领袖毛主席和中国共产党的热爱与赞颂。

我学唱《东方红》时才5岁，在内蒙古的热炕头上，父亲那时还不到30岁。大约是在1972年前后，我们从苏北一个叫炮车的小乡镇，举家搬迁到内蒙古兴安盟一个叫胡尔勒的小镇谋生。冬天，天寒地冻时什么活也干不了，父亲就把炕烧得很热，一家人便盘坐在炕上，嗑着瓜子，说着唱着，好不热闹！

父亲还是有点文化的，只是因为受我奶奶的舅舅成分不好的牵连，20世纪60年代时虽考上了卫校但没有去成。村上有贫农成分的人曾断言，就你们戴家，永远别想出党员、干部、军人、大学生！但父亲天生乐观，考试落榜对他心情没什么影响，他照样爱好文艺，那时候的样板戏他都会唱。他教我唱《东方红》时，还连带着给我讲中国人民的大救星毛主席的故事。我们的炕头上就贴着毛主席的画像，我还依稀记得画像上的毛主席身后是道道金光。

在内蒙古待了四五年吧，因为我到了上学的年纪，全家又回到苏北老家。我记得是1977年的春节，全家人聚在煤油灯下，吃着白菜豆腐馅的饺子。父亲吃着吃着，敲着两只筷子不知为啥高兴地唱了起来：

“东方红，太阳升，中国出了个华国锋。他为人民除‘四害’，呼儿嗨哟，他是人民大救星……”听着不一样的《东方红》，我好奇地问父亲：“歌词怎么改了？”父亲说：“儿子，‘四人帮’被抓起来了，中国有救了，这会载入中国历史的，你长大后就知道了。”我突然想起来，有一段时间经常从村里的大喇叭中听到什么“英明领袖华主席一举粉碎王张江姚‘四人帮’”，那时懵懵懂懂还不知出了啥事。后来，我把父亲改的《东方红》唱到学校里，老师们一脸惊奇。

父亲第二次改《东方红》歌词，是在1987年12月初，我参军入伍上火车前一天的晚上，母亲忙里忙外炒了许多菜，招待为我送行的爷爷、奶奶、叔叔、婶婶还有亲朋好友。在那天晚饭上，已过不惑之年的父亲，高兴地唱起了他的《东方红》：

“东方红，太阳升，中国出了个邓小平。他为人民搞改革，呼儿嗨哟，他是人民大救星……”听罢父亲唱完，一屋子人全都鼓掌。人们会心地说：“是啊是啊，如果不是邓小平搞改革，咱哪有今天的大鱼大肉吃呢？咱家族哪能解开咒语有人能当上兵？唱得对，唱得好！”父亲很开心，端起酒杯说：“来，我提议咱这杯酒先敬邓小平！”在座的人都站起来，举起杯斟满酒，随着父亲说“咱干了为敬”，大家都一饮而尽！

光阴荏苒，转眼父亲从青壮年到了花甲之年，虽然依旧热爱劳动，在村里建的高新技术开发区还有建筑工地打过零工，骗用工单位说自己不到50岁，但随着年纪越来越大，不管他怎么卖力，甚至连年轻人都自叹弗如，但人家一看身份证就再也不要他了。父亲郁闷过一阵子，但很快又恢复了往日的快乐：他与几个当年一起跑旱船、演乡会的几个人组建了一个军乐团，取名“时尚”军乐团，到处吹拉弹唱，歌颂美好时代、幸福生活，忙得不亦乐乎。

2014年春节，我们回老家过年，在一起吃过年夜饭之后，父亲拿出了他的长号，穿上了乐团的制服，拉着孙子一起表演节目。这时，他又声如洪钟般唱起了《东方红》……

望着父亲饱经风霜的脸庞，听着他毫不造作的真情演唱，我的眼睛竟有些湿润。这是怎样的一个老人？这是怎样的一个父亲？他在因成分问题受到委屈的年代，他在为了谋生不得不奔走他乡的时光里，从来不曾对这个国家、这个党失去朴素的信仰。他没有多少文化，但他每一次修改的《东方红》唱词，都恰如其分地反映出那个时代领袖的丰功伟绩。他做这些，不是为了政治投机，为求什么一官半职，他仅仅是一个普通得不能再普通的农民，他是发自内心地歌唱。

即使最底层、再普通的小人物，也有信仰。我想，父亲从心底唱出的，是一个中国农民的家国情怀。如今，许多人在尽情享受着这个时代的幸福生活，但父亲没有沉默，他把自己所思所想选择了以自己的方式歌唱，他唱出了《东方红》经久不衰的奥秘。

夫妻·我的日子，我们的日子

Part 2

将就，虽是一种简单的生活态度，但它包含了人生境界的某种超越，它超越了虚荣和刻薄，超越了欲望之中挣扎的贪念、嗔怪和痴迷。简单的生活，对我们每个人都有不同的意义和价值。我觉得，简单的生活意味着去粗取精，避开纷争去追求内心的平和，以及把时间花在真正对自己重要的事情上。

不得不说的往事：生活在汪国真的年代里

2015年4月26日凌晨2时10分，著名诗人汪国真先生因病去世，当看到各大网站、媒体客户端“嘀嘀”声不断地推送这条消息的时候，我愣了半天，然后长叹一声：人世间少了汪国真，天堂里从此多了一位励志诗人，王母娘娘在瑶池再举办蟠桃会，汪先生必定是座上嘉宾！

生于20世纪六七十年代、风华于八九十年代的人，一定不会忘记这三个人：一个是励志诗人汪国真，一个是朦胧诗人舒婷，一个是硬笔书法家庞中华。

那个年代的人，如果你没抄过汪国真的诗，用现在的话说“你就OUT”了；如果你没朗诵过舒婷的佳句，你都不好意思说自己是文艺青年；如果你没临摹过庞中华的字帖，大概你的字写得就好不到哪里去。

在当时，那三个人的知名度，就好比“90”后眼里的周杰伦、韩寒、郭敬明。

我生于20世纪60年代末，80年代中期我读高中时，“文革”背景的“伤痕文学”差不多接近尾声，朦胧诗开始流行。那个时候，人要略带点忧郁气质、不太爱说话交际，喜欢记日记，抬头时习惯向左或向右倾斜45度目光看向远方，迷迷离离的，就会被认为很文艺，其实就是现在的“闷骚”“宅男”的意思。我就属于那一类人。不过那个年代，“文艺青年”还是褒义词，所以装也要装出来。那时流行的一句话是：文学的独木桥很挤，但我要走出自己的一条路！说这话时，一定要手托着下巴，眼睛盯着远方。看似自信，其实是自我安慰。

路，终究没有走通。不过，我醉心研习舒婷和庞中华，让我在诗歌和写字方面大有长进，小有名气。比如，有一天一个女同学拿着一个叫巩红岩的同班男同学写给她的一首诗，让我帮助分析分析，“戴同学，你看看这句——此刻，喝水的不是我，而是我的嘴，啥意思？”我郑重其事地告诉她：“这是朦胧诗，巩红岩同学肯定爱上你了，每天干什么事都很机械，喝水的时候眼睛都在盯着你，只是嘴在动。”女同学说：“是不是啊？”一脸疑惑地走了。我在背后使劲地呸了一口：巩红岩，什么破诗，字都写不好，还学朦胧诗呢！

说起写字，我练庞中华也小有所成。庞的字是楷书，不过我没有他的耐心，一着急就写成了行楷，大体上说得过去，不谦虚地讲，比巩红岩写得好多了，练和没练就是不一样，尤其是在日记本上抄起舒婷的诗显得更有范儿，那日记本是被同学借阅最多的。正是凭着这一资本，让我在接下来的医学院的学习期间春风得意。

那是1990年，我上了医学院，班里有一个长得还算漂亮的女同学，读书学习很用功。我便向她发起进攻，以与她探讨诗歌为借口，抄了整整一首舒婷的《致橡树》，夹在她的外科书里：

我如果爱你/绝不像攀援的凌霄花/借你的高枝炫耀自己/我如果爱你/绝不学痴情的鸟儿/为绿荫重复单调的歌曲/也不止像泉源/常年送来清凉的慰藉/也不止像险峰，增加你的高度，衬托你的威仪/甚至日光/甚至春雨/不，这些都还不够/我必须是你近旁的一株木棉/作为树的形象和你站在一起

……

几天过去了，看她没有什么动静，我急了，又抄了一首《也许》夹在她的书里：

也许我们的心事/总是没有读者/也许路开始已错/结果还是错/也许我们点起一个个灯笼/又被大风一个个吹灭/也许燃尽生命烛照别人/身边却没有取暖之火/也许泪水流尽/土地更加肥沃/也许我们歌唱太阳/也被太阳歌唱着/也许肩上越是沉重/信念越是巍峨

终于，有一天，我在我的课桌上发现了一本书，是台湾

诗人席慕蓉的诗集《时光九篇》，里面也夹着一张纸，上面一笔一画工整地写着：“知道你喜欢文学，愿你努力成功。‘既然选择了远方，便只顾风雨兼程’——摘自汪国真《热爱生命》。与君共勉！”

就在那个时候，我认识了汪国真。

后来，我们一起偷偷约会，聊舒婷、聊汪国真。她说：“你的字写得很漂亮，是不是也在练庞中华字帖？”我说：“是。”她说：“我也练呢。”我说：“怪不得看你的字不像女孩子写的，总觉得在哪见过似的。”她说：“没你写得好，我感觉自己像东施效颦似的。”我吹牛说：“我是学庞中华而脱离庞中华，我把我自己的风格加了进去！”说了这话，我自己都感到好笑，年纪轻轻的还斗胆讲风格，嘿嘿，这脸皮够厚的。

再后来，她成了我的老婆。

成家立业之后，电脑普及了，庞中华字帖就慢慢淡忘了，正所谓一手好字被电脑给废了。但还是没有放下舒婷、汪国真。有一年，我到厦门出差，听说舒婷就住在鼓浪屿的一间小房子里，我还专门去请教，遗憾的是大门紧闭，听说诗人云游去了。

而我还是不停地写诗，投稿。汪国真也不停地用他的诗一般的语言为我励志——

只知道，确定了就义无反顾。要输就输给追求，要嫁就嫁给幸福。

没有比脚更长的路，没有比人更高的山。

人生没有对错，成功永远属于奋斗者。

成大事业者有大胸怀。这样的人不会成日计较于鸡毛蒜皮，整天着眼于蝇头小利，枉费了许多时间和精力。

我喜欢出发，只为到达的地方都属于昨天，哪怕那山再清，那水再秀，那风再温柔，太深的留恋便成了一种羁绊，绊住的不仅有双脚，还有未来。

少年不要怕失败，没有多少人会讥笑一个少年的幼稚和失败。当你长大了，失败的滋味会比少年时代难受得多。

一个人没有个性，便失去了自己。生活中一味地模仿之所以不可为，原因之一就在于它抹杀了个性。

但奇怪的是，我在报刊上发表了几百万字的文字，就偏偏没有一首诗。诗是语言的精华，我的诗发表不了，到底是不够精华，还是不够朦胧？我想，原因应该是前者，因为我写的朦胧诗朦胧到连我自己都看不懂了，朦胧应该不成问题了吧？失败原因应该就像汪国真先生说的“生活中一味地模仿之所以不可为，原因之一就在于它抹杀了个性”。

再后来，舒婷、汪国真都已经淡出记忆。要说是年龄不饶人吧，也不完全对，现在的年轻人，已经基本不知道舒婷、汪国真何许人也，他们的脑子里装的是“双节棍”“小苹果”还有DOTA。而我们那个时代的人，对这些完全不感兴趣，唯一还能偶尔捡起的，是写写书法——我在朋友圈内，就经常看到当年那个给女同学写朦胧诗的叫巩红岩的同学，时不时地晒晒自己的书法——他可能意识到，当年的诗写得虽朦胧到雷人但字写得像爬虫也不行。他的字确有进步，但为时已晚了吧？

汪国真的时代结束了。一个时代有一个时代的流行。潮流过去，我们当年的那些最爱，就成了沙滩上散落的一个个贝壳，捡起来一看并没什么欣赏价值，便又远远地抛向海里，让它随着时间沉淀，沉淀，待到我们老去，和我们一同变成化石。

（谨以此文纪念汪国真先生和我们的那个年代的友情、爱情）

生活可以讲究，也可以将就

中秋节，夫人从超市门口的促销摊上，花5块钱买了4块用塑料纸包的月饼回来，儿子用牙使劲咬开了塑料包装，拿出月饼，端详了半天，皱了皱眉头，问："没有别的了吗？"夫人说："有得吃就不错了，你就别挑剔了。"儿子咬了一口，"嗯，味道还不错。爸妈一人一块不许多吃，留一块，明早我带学校当早点。"

这几年的中秋，几乎都是节日当天到超市抢购促销的简装月饼。不过，一家三口坐在阳台上，赏着徐徐升起的一轮圆月，那其乐融融的氛围，比往年任何时候都显得轻松惬意。

月饼，如同端午的粽子，都是节令食品，基本上都是过节了才吃上几口，以表示个意思。但是，不知从何时起，这个"意思"变得没有意思。

我记得我们小的时候，月饼根本就没有什么精装简装之说。娘赶集卖了鸡蛋顺便买月饼，用秤称的，一般要4块，码好，拿黄草纸包了，顶多上面再覆一张方块的红纸，以示喜庆，再用一根牛皮纸做成的细绳扎了，拎着回来。月饼也没有那么多的种类，基本上就是红绿糖丝馅的，至多加点冰糖。月饼的外皮干干的，掰开来吃，嘴边会掉出许多的碎渣渣。娘看着心疼，用手帮着接了，再放进嘴里，舍不得丢弃。吃着吃着，不时会从里头扯出一截截的丝条来，红的绿的，到现在也不知道是什么东西。

那时，我们乡下人过中秋节，不叫过中秋节，叫“过八月十五”。在我们这些没有时间概念的孩子心里，过八月十五，吃了月饼后，就开始盘算着什么时候过年吃饺子了。但是，过着过着就变了，差不多是上班之后吧，我们开始“过中秋节”了，而且有了两个显著的变化：一个是，月饼基本上不用自己买了，单位发、朋友送、购物赠、抽奖得；另一个是，月饼的品种越来越多，口味也越来越讲究。面对堆满屋子一角的各色月饼盒，大人会仔细地端详上面的介绍——哪里产的，什么馅的，保质期多久，含糖不含糖，精心挑选哪些留下，哪些留着送人（中国人讲究礼尚往来）。孩子则从打开的盒子里，挑自己喜爱的口味，没吃过的，咬一口尝尝，不好吃，扔在一边，再咬下一块，虽再也不会粗糙地掉渣，但也没有人知道珍惜了。

中秋节，作为我国的传统佳节，历史悠久，赏月、吃月饼、亲友互赠月饼，也是习以为常的风俗。然而，在高利润、社会不良风气等的驱使下，月饼越做越高档、包装越来越豪华，过去的莲蓉、五仁、豆沙之类的普通馅料月饼，取而代之的是海参、燕窝、鱼翅、鲍鱼等昂贵原料，包装盒有铁的、木的，还有陶瓷的，琳琅满目。有的月饼礼盒搭配了茶叶、红酒等其他礼品，动辄成百上千甚至上万元，被称为“贵族月饼”“天价月饼”。且不说这会不会诱发社会奢侈风气，暗藏腐败行为，单单说在送给谁、送什么、怎么送、怎么还人情上所花费的心思，就够累的，本是花前月下的曼妙时光，沐浴银辉的浪漫时刻，却浪费在这无谓的忙碌中，最终这些月饼在家与家、楼与楼、小区与小区之间旅行，又有多少被吃进了肚里？

人心，本来如同简装的月饼，在被充斥了许多昂贵“馅”之后，变得油腻不堪。

不光是过中秋，生活中的许多事情如同吃月饼，本可以简单将就的一件事情，一讲究味道就变了。比如说，吃请、请吃，过去是在家中的，主人亲自下厨炒几个菜，几杯小酒，推心置腹，温馨又有情调；当设在越来越高档的饭店、会所之后，山珍海味，酒绿灯红，喝得五迷三倒，话说得言不由衷，过了几天，说过的话、许过的诺全忘了，甚至连谁请的都已不记得。婚丧嫁娶、健身娱乐、迎来送往等等生活中的许多事莫不如此。

生活可以讲究，也可以将就，多数的情况其实需要的不是讲究，而是将就。住再大的房子，你所睡的也就是一张床；一日三餐，填饱了肚子就行。一天到晚围着酒桌转，像赶场子，到头来吃出了“三高”，还得拼命地去减。

凡是读过弘一大师传记的人，都不会忘记他是以怎样珍惜和满足的神情面对盘中餐：那不过是最普通的萝卜和白菜，他用筷子小心地夹起放在嘴里，似在享用山珍海味。正像夏丏尊先生所说：“在他，什么都好，旧毛巾好，草鞋好，走路好，萝卜好，白菜好，草席好……”令人难以想象的是这位备受敬仰的人物，原本生长在“黄金白玉非为贵”的富豪之家。

美国著名作家、哲学家梭罗说：“大多数所谓豪华和舒适的生活不仅不是必不可少的，反而是人类进步的障碍。对此，有识之士更愿选择比穷人还要简单和粗陋的生活。简单和单纯的生活有利于消除物质与生命本质之间的隔阂。为了获得圆满无悔的一生，我们必须认清哪些是我们必须拥有的；哪些是可有可无的；哪些是必须丢弃的。”此言与诸葛亮“淡泊以明志，宁静以致远”的古训如出一辙，不能不令人深思。

好在，“花公家的钱不心疼”的时代已经结束，一切进入了新常态。自买几块简装的月饼过一个节，就是新常态的体现。新常态是什么，说到底就是对传统的回归，即原来什么样就是什么样，哪怕经济社会再发展，你也不能铺张浪费。这是好事情。

将就，虽是一种简单的生活态度，但它包含了人生境界的某种超越，它超越了虚荣和刻薄，超越了欲望之中挣扎的贪念、嗔怪和痴迷。简单的生活，对我们每个人都有不同的意义和价值。我觉得，简单的生活意味着去粗取精，避开纷争去追求内心的平和，以及把时间花在真正对自己重要的事情上。

咬一口月饼，我希望这世间人的心，如这十五的月亮一般皎洁圆润，再不要被厚厚的一层油腻包裹。

因为相欠，怎敢相忘？

再美好的东西都经不住遗忘。还能够记起的，一定是最柔软而有温度的。

（一）

河北邯郸的大学同学阿勇夫妇，送孩子到清华大学报到，在京的阿军同学抢先一步请阿勇一家吃饭，我们都参加了。

席间，阿勇向其夫人介绍我时说：“戴哥是当年我们在南京读大学时的才子，晚上熄灯后我经常从南京经济广播电台的一档夜间节目里，听完播送戴哥的优美散文后再睡觉，我印象最深刻的一篇叫《一截红头绳》，戴哥你说，是不是有这一篇？”

我惊诧于阿勇的好记性，更惊诧于我这几天正琢磨着当年的那篇情感小文，如何再找个由头重新写出来，偏偏阿勇无意中给我扯出了这个线头！

没错，那时候为了打发课堂上那些无聊枯燥的“血管”“神经”“淋巴”，我把时间都用在爬格子上。南京经济广播电台的那档夜间情感节目名为“今夜不设防”，经常播我的稿子，其中就有阿勇说的这篇《一截红头绳》。

（二）

文章的主人公叫小红，是20世纪70年代初期，我四五岁时随父母逃荒到内蒙古扎赉特旗胡尔勒公社时的小伙伴。她圆圆的脸，用红头绳扎着两只马尾辫，也是跟着父母从外地迁到这里的。

她的父亲有个响亮而奇怪的名字，叫“伍百亿”，这也是我虽小但记得牢靠的原因。她的母亲是个哑巴，我平时都喊她叫“哑巴大姑”。大人们开玩笑说，伍百亿家可是穷得叮当响，连一百块钱都拿不出，白瞎了这个名字。

小红比我小一岁，可能是平时家里很少管她的缘故，也可能是上天眷顾，她似乎是天生胆大而机敏。

我家的泥坯房门前有一口水井，井下便是一个十多米长的斜坡。每到冬季，大人们便从井里打出水来顺坡浇下，天气极度严寒，不久就结成了一溜的冰道。这其实是父母学当地人给我和妹妹做的玩耍场地。玩法是拿一块冻得僵硬的牛粪饼，垫在屁股下从上一滑而下，周而复始。

第一次时我死活不敢滑，正和我妹妹玩的小红，一把抢过我手中的牛粪饼，一屁股坐在上面，说“宝哥，看我的”，哧溜一下就滑了下去。可能是由于平衡没掌握好，她几乎是叽里咕噜像个球似的滚下去的。好在冬天棉袄棉裤穿得特别厚，头上又戴着大棉帽，小红也没怎么摔着，又从边上呼哧呼哧地爬上来再滑第二次，边滑边喊：“胆小鬼哥哥，快下来！”

我忐忑地学着她的样子，滑了几次后就顺溜多了。在那物质和文化十分匮乏的年代，感觉这东西好玩极了。

我们两家住得不远，小红没有兄弟姐妹，成了我们家的常客。特别是一到冬天大雪封住了大地，大人们什么活也干不了了，就把炕烧得热热的，我们小孩子一咕噜全都爬了上来。大人们则坐在炕沿上，一边剥着玉米，一边教我们唱一些儿歌或者表演一些小节目什么的。

小红聪明，活泼得不行，学东西一学就会。我记得那时父亲教唱一首顺口溜，是批判一个人的，念的时候是带着轻蔑的口吻，双手要叉腰，用一只脚踩在这个受批判的人身上。

我因为记不住词，就只能扮演那个被批判的“坏人”，趴在炕上，而小红有板有眼地念完词，和我的妹妹一起雄赳赳地双手叉腰，把脚踩到我身上，大人们表扬说：“演得好！这叫永世不得翻身！”小红就很得意，满屋子其乐融融。

多少年之后，我才明白，那段顺口溜批判的是当时蒙冤的一个大领导，已经平反昭雪，并没有“永世不得翻身”。

（三）

在胡尔勒公社，汉族和蒙古族杂居。当地人以养牛羊为生，有许多地荒着。我的父母很勤劳，除了在公社粮管所扛大包外，还捡了许多的荒地开垦，种上一垄垄的土豆、南瓜、黄豆、玉米什么的。

小红一家来得晚，地差不多被人捡完了，她家捡的地只有很小的一块，收的东西常不够吃。因而每到收获季节，父母都会跟小红一家分享成果。伍百亿叔叔是个要面子的人，对于别人的接济他似乎心里很矛盾，喝着闷酒，哑巴大姑则咿咿啊啊地千恩万谢，小红则欢天喜地地拉着我玩。

穷人的孩子早当家。有一天，大人们一大早都到山上给生产队打马草了，到中午还没有回来。我饿，牵着妹妹到小红家，看有没有吃的。小红家的锅里也是空空荡荡。小红眼珠一转，说：“哥你别慌，一会儿就有吃的。”

她让我帮忙在院子一角铲了土，舀水和了一小堆泥，拿出几个大土豆来用泥糊住，抱来一堆柴火点着，把土豆扔到柴火里。不一会儿，土豆外面的泥烤焦了，她踩灭了火，找小棍一敲，金黄的熟土豆从泥壳中露出来，热腾腾的。

她试着拿起土豆，烫，便左手颠到右手上，来回地颠，不停地用小嘴吹着气，脸涨得像个红苹果。待稍冷了，给我一个。然后，又重复着动作，给我妹妹。

望着我惊讶的神情，灰头土脸的她满不在乎地说：“吃吧吃吧，香着呐，都是跟我爸上山时学的。”咬一口，果然面面的，带一点点的涩味。

正当我们吃得兴高采烈之时，伍百亿和哑巴大姑回来了，见满院狼藉，伍百亿抄起一根木棍就追着小红打，哑巴大姑连忙一把搂住了小红，咿咿啊啊地连叫带比画，意思好像是说：我们回来晚了，孩子饿了，自己弄点吃的填肚子，你打她干吗？

伍百亿扔了木棍，赶紧做饭去了。我和妹妹趁机溜回了家。

从那之后，糊泥烤土豆，成了我们仨日常的零食，想烤就烤，不是在我家就是到小红家。大人们也怕我们饿着，也懒得管了。不过，就是那个时候，我把胃吃伤了，至今见到土豆就反酸，再也不想吃一口。

（四）

在我7岁的时候，老家的光景还没有缓过劲来，姑姑一家也搬了过去。姑姑生第一个孩子，也就是我的大表弟时，据说奶下不来，乳房胀得难受，婴儿的力道不够，也吮不出来。

我母亲有经验，说这种情况让六七岁的小男孩去“裹”（吮吸的意思），能刺激出奶水。这任务当然就落到了我头上。

我极不愿意，姑父利诱我，说每“裹”一次，就给你做小米饭外加一块肥肉！

我恭敬不如从命，也不管害羞不害羞了！

姑姑家住得远一些，要走一段路，而且要经过当地人的居住区。当地的孩子比较野，调皮，经常对我们扔小石子、土坷垃。去了姑姑家几次，都要经过“枪林弹雨”，像穿过封锁线似的，我胆小，便不再敢去了。

忽一日，我在家中与小红和妹妹玩“嘎拉哈”（羊的膝盖骨，共有四个面，以四个为一副，能提高人的敏捷力）正起劲，有一邻居说，刚才见你姑父，让你赶紧过去裹奶！我害怕，拖着不去。父母也催。小红说：“我跟你去，看谁敢打你！”说完拉着我就跑。

走到半路，只听耳边“嗖嗖嗖”的响，石块、土块从路旁边正在玩的当地孩子那里不停地扔过来。我抱头东躲西藏，没想到有一个小石块正中我的脑门，破了一个口子，顿时鲜血直流。

我赶紧捂着脑袋蹲下来，小红却冲着那个扔我的孩子跑去，上前就把那个大她好几岁的孩子推倒了，然后骑到对方身上，用小拳头雨点般地捶着，边捶边骂：“野狗，叫你打我哥！叫你打我哥！”

那孩子缓过劲来，使劲又把小红翻到身下打她。她却抱住那孩子的胳膊，照着手上使劲地咬了一口。那孩子“哇”的一声疼哭了，起来与其他孩子作鸟兽散。小红起来掸掸身上的土，拉着我向姑姑家跑去。

姑父听了事情经过，赶紧给我伤口抹了药水，边处理伤口边笑着说：“人家都说‘英雄救美’，今天小红可是‘美人救狗熊’呢！”我不高兴，撇着嘴说：“我不裹奶了，我走！”姑父一把拽住了我说：“别走，还没吃肉呢。”

那天在姑姑家，我和小红狠狠地享受了一顿红烧肉。

也就是从那以后，当地的孩子再也不敢冲我们乱扔石块了。不过，额头上从此留下一个疤，已经跟着我到了知天命之年。

（五）

大约在我9岁光景时，有一阵子，父母开始收拾家当，有被单裹着的，有麻袋装着的，小红一家也过来帮忙。我从他们的对话中知道，我到了上学的年纪，蒙文实在不好学，只能回苏北老家了。

哑巴大姑坐在炕沿上拉着我母亲的手，流着眼泪，哇哇地比画着，看不懂她想表达些啥。伍百亿叔叔给我父亲打下手捆包。父亲说：“你家那屋下雨就漏，修了也修不好，我们走了，这屋子就送你了，炕盘得也好，不费柴火就烧得很热。”

伍百亿叔叔不说话，使劲地勒着绳子，打着结。半晌，闷声闷气地说：“大哥，这几年都是你们家照顾，我们总算过来了，你这一走，咱兄弟啥时候还能见面不？”

父亲说：“能能能，以后年景好了，你带她娘儿俩到我们老家走走。”

走的那天一大早，父亲怕惊动四邻，早早地雇好了一辆马车，准备将家当拉到扎旗，再从扎旗坐汽车到乌兰浩特，然后坐火车回徐州。

那是夏天，天三四点钟就开始亮了，我和妹妹都还没睡醒，被母亲提溜起来。马车按约定的时间来了，我们一开门，就见伍百亿和哑巴大姑早已经站在了大门口，还有我的姑姑、姑父。大家不说话，帮着抬行李往马车上装。

等装好了车，父亲把我和妹妹抱在车上行李的空档里，让我们坐稳当。马车开始出发，起初走得很慢，父母都没上车，边走着边与伍百亿他们说着话。冷风一吹，我完全醒了，四下一望，心里咯噔一下：怎么没见小红？小红呢？于是冲着母亲喊：“娘，小红呢！我要找小红！”

娘拍拍我说，“小红妹妹小，这时候还在睡觉呢，咱就别打扰她了，啊，好孩子听话。”

马车还在继续慢慢走着，父亲先止了步，对大家说：“送君千里，终有一别，咱就到这里吧，希望以后有机会再见。”

我在车上一点也不老实，不住地起身抬头，向着家的方向看，也不知道究竟想看什么，看到了什么。

父母坐到了车上，众人不再前送，站在原地挥手。马车吱吱呀呀地沉重地向前行，伍百亿他们的身影越来越小了，越来越模糊了……

（六）

就在我在晃晃悠悠中想要睡了的时候，突然被一个向着我们跑来的小身影搞得一激灵。那个身影拼命地挥舞着手，边跑边带着童音喊：“宝哥哥，宝哥哥，等等我！”

“是小红！”我甚是惊喜，也拼命想从车上跳下去，父亲按住了我，停了车。

小红终于跑到了车前，已是上气不接下气。我窝在行李堆中不方便下来，父亲便把小红抱上马车，放到我的对面。小红一下子扑到我身上，哭了，说：“宝哥哥，我不想让你走，不想让你走。”

父亲急着要赶路，连忙安慰小红说：“小红，赶明儿等你长大了，到江苏来找哥哥吧。”

这时，伍百亿叔叔和哑巴大姑追了上来，把小红往车下抱，小红双脚乱蹬不肯下车，还哭着埋怨父母为什么送行时不叫醒她。

我不知如何是好。

小红知道留不下我的，哭闹了一会儿，便止住了。突然，她伸手抄过自己的一只马尾辫，解下了红头绳，缠到我的手脖子上，望着我说："宝哥哥，要记得我，看见这截红头绳，要想起我……"

我眼睛一热，使劲点点头，说："嗯。"

小红终于被抱下了车，马车继续前行，小红又追着马车跑了好一阵子，大概是跑累了，远远地看见她蹲在了地上。

……

（七）

6年之后一个冬天的晚上，我从学校下晚自习后回家，一开屋门，满屋子的人。母亲接过我的书包，笑眯眯地说："快看谁来了。"

我首先看到了熟悉的伍百亿叔叔、哑巴大姑，都坐着冲我笑，唯有屋角一个穿着毛领棉服、戴着东北特有的大棉帽的姑娘，站起来羞涩地望着我。"这是小红！你不认识了？"母亲说。我愣愣地望着她，长高了，像个大姑娘了。

母亲对我说：“瞧你比女孩子家还害臊，快到隔壁屋去吧，你们好好聊聊，你伍百亿叔叔一家可是专门从内蒙古过来看我们的呢。”

我和小红来到了隔壁的房间，对于这意外的相见，我竟然像是没有任何感觉似的，不好意思开口说话。

过了好半天，小红小声地带着羞涩地问：“宝哥，那个红头绳，还……还在吗？”

“在的，你看！”我伸手从衣领下的脖子里掏出一个嘎拉哈，“你看，俺娘用红头绳拴着嘎拉哈，我一直戴着呢。”

“真的？”小红很是惊喜，抚摸着嘎拉哈和红头绳，轻轻地说：“哥哥，我希望你能永远戴着它。这样，我就会想，我虽然拴不住哥，可哥哥欠我的，欠我一截红头绳，记得要来找我，来还我，我就会有个盼头……”说着，小红的脸红了。

我也红着脸，深深地低下了头。

那一次的相见过后，就再也没有小红的音信了。那截红头绳也随着我年龄的增长，加上搬几次家，不知什么时候丢在了何方。

但它在我的心里，却从来没有丢过。

（八）

读大学的时候，看到来来往往的风华正茂的女生，便想，不知在何方的小红也跟她们差不多一样的个头，一样的楚楚动人了吧？于是，便写下那篇令同学阿勇至今记忆犹新的《一截红头绳》。

夫人也是我大学的同学，她同样也听过那篇《一截红头绳》。在大学时，她曾经略微带着些好奇和醋意问我："你的小红长什么样啊？你是不是以后要娶她啊？"我那时候还有些小心谨慎地回答，她是我哑巴大姑的女儿，论起辈分来她是我表妹呢。

结婚许多年之后，夫人有时候还跟我开玩笑，说："你老实交代，到底有没有小红这个人？你是不是很喜欢她？"

这时候，我半是玩笑半是认真地告诉她，"其实，小红是一个人，也是一个符号，她代表着这个世界上最美好的情怀，任何人都喜欢她，都记得她的好。我欠她的最多，会一辈子用心来还！"

因为相欠，不敢相忘。也许我对这个世界的温情以待，的确就是为了那截藏在心底的红头绳吧。

其实，就像伍百亿千里迢迢跑到江苏来看我们，就像阿勇还记得20多年前的一个深夜电台播出的一篇小文，就像同学阿军得知阿勇送子到清华早早地就安排了晚餐——谁的心底不会有那么一丝渺小如红头绳般的情愫呢？

而正是这些点点滴滴，温暖了我们的内心世界。这也是“因为相欠，不敢相忘”吧。

对不起，老婆婆！

那是25年前，我二十岁出头的样子，春节前休假准备回家过年。那天，从海岛上坐了一夜船赶到上海十六铺码头的我，又马不停蹄换公交车到了上海真如火车站（今天的上海西站），买到了最后一张上海到邳县（1992年撤县设邳州市）的火车票。

候车室里人声鼎沸，我掏出票又看了一眼时间，距检票时间还有一个小时，便裹紧了厚厚的棉大衣，抓紧时间眯一会儿补充一点精力。

迷迷蒙蒙之中，我被人推醒了，睁眼一看，是一个衣着破烂的老婆婆，身上背着蛇皮袋，手里攥着个碗，冲向我。“哦！要饭的。”我讨厌她坏掉了我的美梦，乍一醒身上还冷得要命，便极不耐烦地冲着她说：“没有钱、没有钱，你走远一点！”说完便侧过身又把头缩进大衣领子里。

要饭的老婆婆却没有走开，冲我开了口：“小伙子，你看看这是不是你的火车票？”

“嗯？”我睁开了眼睛，看见她攥碗的手还捏着一张火车票，立刻把头凑过去一看，是到邳县的，赶紧掏自己的大衣口袋，果然票不在了，便一把夺了过来，带着疑问，警惕地问：“我的火车票怎么在你的手里？”

“我在你的脚跟前捡到的。”“哦。”我想了想，一定是刚才掏票看时间，放回口袋时，因为戴着手套又被带了出来。真是万幸，被这老婆婆捡到又还给我了，否则我上哪儿哭去？

我正为自己庆幸时，老婆婆又说话了：“小伙子，你看看，这票也给你了，你给我两块钱让我吃顿饭呗。”老婆婆说着把碗伸向了我的面前。果然是个要饭的，逮住一切机会要啊！正值血气方刚的我气不打一处来，冲她说：“去去去，我还没吃饭呢！”

“要不，你给一块钱也行。”老婆婆可怜巴巴地望着我，攥碗的手一直不缩回，“你看，你的火车票掉地上被我捡了，还给你了，要不多耽误事啊。”

听到这话，我不知道哪根筋出了毛病，说出了自以为聪明但直到今天仍让我内疚不已的话：“什么掉地上的？那是我故意放的！”老婆婆听我这一说，愣了一下，叹口气，失望地颤巍巍地走开了。

我其实并非一个恶毒的人，说出上面那句话，是我跟一个高中同学学来的。那是上高二的时候，有一天，我在这个同学的座位边捡到一张5元的菜票，尽管我因为穷从来没有吃过学校食堂的菜，这5元菜票可以解好几顿馋，吃好几次肉，但我还是还给了他，“你的菜票掉地上了，来，给你”。

他也是一把抢了过来，瞪了我一眼说：“谁说是掉地上的，那是我故意放地上的！”面对如此毫不领情还咄咄逼人的同学，我竟无言以对。算你狠！

现在，我把这一招用到了这个老婆婆身上，当时还有些小得意！

在飞驰的列车上，我蜷缩在过道的一角，昏昏欲睡却怎么也睡不着，眼前总是浮现那个要饭的老婆婆年迈的背影。内心里好像有两个我在争辩，一个说，你没错，她就是个要饭的，再说那张票就是你的，你只是失而复得而已。

另一个说，你太没良心，老婆婆捡了你的票还了你，你连一两块钱都舍不得给，你真不是人！

一个说，当年那个同学不就是这样对你的吗？你不也是受过这样的委屈吗？

另一个说，你觉得你那个同学是个无赖，你还跟着学，你同无赖有什么两样？再说了，老婆婆如果拿着你的票去窗口退了，她能吃上多少顿饱饭，你还不知道要在火车站滞留多久才能回家呢！……

不知道两个我最终到底谁战胜了谁，反正这些年来，我一看到大街上、火车站有要饭的老婆婆，我都会往那碗里递上个块儿八角的，有时候儿子在身边，我会把钱给儿子让他代劳。儿子说："现在要饭的好多都是骗子。"我说："儿子，如果不是因为确实生活困难，大概不会有一个老婆婆愿意放下尊严到大庭广众之下来乞讨。更何况，我跟你说过，当年还有一个那么有善心的老婆婆。"儿子问："你这是在赎罪吗？"我说："就算是吧。不过，你可不要犯爸爸同样的错误。"

我讲这个故事，暴露了我内心曾经有过的丑陋和邪恶的一面，我却感到无比轻松起来。我想，人这一生中，谁都可能或多或少做过一些伤害了别人还自以为聪明的事。因为伤害的理由冠冕堂皇，所以不会有歉意。可是，越是看上去无懈可击、让人无言以对的狡黠，对人的伤害越深，越不值得效仿。

一个饥寒交迫中的老婆婆尚能保持一丝善念，可见这个世界是向善的。培根说，善良仁慈的德行，无论对于神或人，永远不会因过分而成为危险的东西。事实证明，老婆婆的一丝善念避免了我走向窘迫。而我的善，哪里去了呢？

今天，那位老婆婆如果没有辞世，也已是风烛残年。无论她在哪里，我都要说声："对不起，老婆婆！"请她原谅当年那个做错了事还自以为聪明的小伙子。

你所经历的全部苦难，终将变成最好的礼物

20世纪70年代初期，我才四五岁光景，苏北老家发了一场大水，年头不好，父母便带上年幼的我和妹妹，举家向北逃难，一路到了内蒙古兴安盟扎赉特旗的一个叫胡尔勒的小镇，在此安下家来。

父亲和母亲那时年轻，在小镇上的粮站找了活，扛大包。每天早上走时，就把我和妹妹锁在屋里，留下两个玉米面窝窝头，待饿了充饥。我和妹妹憋得慌，就爬上炕，扒着窗户，用手指沾着唾沫，在窗户纸上捅开一个小洞，轮流向外看。院子里没什么东西，只有散养着的几只鸡，向远处看能看到黛色的一道山峦，那山脚边有一条河，父亲曾带我们到河里滑过冰。小洞洞里看到的这些，让我们不再觉得闷。就这样看着看着，在夕阳落山的时候，就能看到父母拖着疲惫的身体打开柴门走进家来，我和妹妹的眼睛瞬时放光，有了安全感。

有一天，我和妹妹照例无聊地扒着窗户向外看，突然出现

的一幕把我们吓呆了。原来有一头狼，大概因为冬天山上没食物，就蹿到了我们家，跳过柴门，向正在觅食的几只鸡直扑而去。鸡一阵乱叫，然后扑腾腾地飞进了高脚笼子——那里的人家为防狼偷鸡，都将笼子用四根木桩架起离地面三四米高。适者生存，鸡也练就了在高笼里坐窝的本领。狼扑了空，就在下方对着鸡笼嚎叫，难听又瘆人。

我吓得大气不敢喘，妹妹惊吓得大哭起来，我赶紧捂住她的嘴，但已经来不及了。妹妹的哭声吸引了狼的注意，它那凶狠的泛着绿光的眼睛转向窗户这边，然后就拖着长长的尾巴跑过来，扑向窗台，但被木格防护栏挡了回去。狼似乎不死心，屁股蹲坐在地上，眼睛直直地盯着窗户，不知是在打什么主意，还是在等待时机。

炕上的我们用被子蒙住头，屁股撅着露在外面，浑身瑟瑟发抖。妹妹还在哭，边哭边说：“哥，狼要把我们吃了，妈妈就见不到我们了。”我一边发抖，一边安慰着妹妹。

不知过了多久，妹妹哭累了都睡着了，我也正迷迷糊糊，忽听院内一声大吼：“你这恶狼，看我不打死你！”“是俺大俺娘回来了！”我赶紧掀开被子顺窗户洞向外看，只见父亲手里攥着一根粗棍，追着狼打。狼见势不妙，跃过柴门跑走了。母亲紧张地打开门扑向我和妹妹，不停地摸着我们的头，声音发抖地直说“摸摸毛吓不着，摸摸毛吓不着”。妹妹突然觉得安全了，偎在母亲怀里委屈地大哭起来。母亲说："别哭别哭，看你哥多勇敢！"

母亲说着从棉袄里层掏出一个白面馒头，掰开了分给我和妹妹一人一半。那是粮站食堂发的午饭，父母每人一个。为了省下一个给我和妹妹，父母就两人合吃一个，再凑合一些干粮。我们每天都盼着这个馒头。馒头还是热的，应该是母亲的体温。母亲把我们搂在怀里，眼里满含疼爱地看着我俩吃得很香，不知为啥流出眼泪来，一串串滴到我的脸上，热乎乎的。

这是我的第一次遇险经历。

第二次的遇险经历，是我从马背上摔下来差点摔死。

那时，粮站没什么活的时候，父亲就给镇上放羊。镇上给他一匹马当坐骑。一天傍晚，父亲放羊回来，骑马回家放下一些家伙事，准备将马带到山脚下的河边饮水。我觉得好玩非要骑一下，父亲拗不过就把我扶上马背，刚解开缰绳准备牵着走，谁知马儿可能实在是渴极了，挣开绳便向小河方向飞奔而去。我本能地搂住马的脖子。父亲在后面追，可是哪追得上，马跑了一半路的时候，突然一个趔趄，我被甩下马背，重重地摔在小路边的草沟里。马儿兀自跑走喝水去了。

父亲追上来，在草沟里找到我，又是掐又是晃又是喊，见我没什么动静，发疯似的抱着我往家跑，一边跑一边喊：

“孩他娘，孩他娘，快来快来！”母亲也赶到了，边埋怨父亲边这里摸摸那里摸摸，看我到底伤哪儿了。这时我的眼睛突然睁开了，开口说：“娘，我渴了。”原来，我摔到了松软的草沟里，没什么大碍，刚才只是被吓晕了。妈妈破涕为笑，说：“这孩子，命真大。”

我8岁的时候，到了上学的年纪，可是当地学的是蒙文，对我来讲太难了。父母正发愁时，接到了老家爷爷奶奶的信，说老家年景好起来了，孩子也该上学了，回来吧。父母也觉得常年漂泊在外终究不是个事，当机立断卷起铺盖回了苏北老家。

我的第三次大难不死，就在回苏北老家后发生了。

苏北虽然抵不上苏南的鱼米之乡，但也是良田万顷，河道纵横，几乎村村都有鱼塘。孩子们六七岁的时候都已经学会了游泳，到河里抓鱼，在池塘里扑腾戏水。而在内蒙古的时候，因为天冷，我从没下过水，只是学会了滑冰。因此，对小伙伴我羡慕得很。

我9岁的那个夏天，一个中午，天很热，地上热气蒸腾，树上知了拼命地叫，大人们都懒得下地干活了，懒洋洋地蹲在树荫下打盹。我偷偷地溜到了村里的鱼塘，那里是大人小孩经常游泳的地方。到了池塘边上，此时仅有两个本生产队的大人在池塘的中央扎猛子。见到了清凉凉的水，我兴奋极了，甩掉鞋子就试着下水了。

农村的鱼塘不光是养鱼，每年的冬天将鱼捞上来后放干了水，群众就会将腐烂的淤泥挖上来肥田。为方便开挖，从池塘边往下先挖出一级一级的台阶。此刻，我站到第一级台阶上，水到了膝盖，不深嘛，扑腾了几下，不过瘾，又试着站到了第二级台阶，水到了胸口，凉凉的，舒服极了。我模仿着曾经看到的小伙伴们的狗刨动作，自己练习起来。

这时，意外发生了。我玩着玩着，不曾想脚下一滑，刺溜滑下去了，水很快淹没了头顶。我一上一下拼命地扑腾，但头上来一次就呛一口水，又下去……就在我感觉意识模糊、体力不支的时候，朦胧觉得有人托起了我的身体，游到池塘边，抱起我跑到岸上，将我鼓鼓的肚子担在腿上，头朝下控水。我一口一口地吐出黄水，猛然间咳了几下，醒过来了。原来是在池塘中央洗澡的两个大人救了我！

……

许多年之后，当我穿着一身军装回乡时，村里的老人们见到我还说："你这孩子，小时候命够苦的，不过福大命大造化大，大难不死，必有后福啊！"

在我看来，后福谈不上，倒是孩提时代经历的所有苦难，在我长大后，变成了上天给我的最好礼物。我当年的与狼对峙，让我有了当兵时敢在坟地边站夜岗，上军医学校后敢一个人在解剖室面对尸体的胆量；六七岁时非要骑马，差点摔死，让我后来对所有的新鲜事物都乐于尝试，包括将近知天命之年还自学新媒体；学游泳差点淹死，被人救起，不仅让我成为同年兵中不经过练习就敢下海的为数不多的几个，而且让我具备了在别人受难时拉上一把的品质。总之，别人眼里，我的坚毅、果敢、耐劳与善良、乐观、孝心，其实都源自那些曾经的苦难经历。

面对不幸，有些人总是哀叹命运不公，于是便随波逐流，便一蹶不振，或者轻言看破红尘，吐槽社会。而我认为，塞翁失马，焉知非福。幸与不幸，一切都是上天最好的安排。上天给你关上了一扇门，必为你打开一扇窗。你向命运低头，便看不到窗户已经打开，光亮已经照了进来。其实，当年我并不知道、不曾想过大难不死会为我带来什么，转角遇到的也不一定都是爱，但保持一颗平常之心、感恩之心，尽自己所能而不去刻意追求什么，正所谓“困苦贫乏，锻炼身心”，便是今天我活着的全部意义所在。

Part 3

儿子·他好像终于能明白我们的心思

人生是一本厚重的大书，需要在社会大课堂里认真地读，从中学到一技之长权作生存本领，但这需要你有很强的毅力与悟性。人生的道路漫长，走着走着一不留心便容易迷失。在行进的途中，我们也要想一想自己有哪一样拿得出手的东西，能够让你出人头地，从而不被这个世界边缘化或者遗弃。

人在世上走，总得要有一样东西拿得出手

2015年12月26日，这个星期六，儿子的学校将举行高三年级学生成人礼。儿子的心灵导师约请家长给自己的孩子写一段话，届时在仪式上宣读。我写的是：“孩子，人在世上走，总得要有一样东西拿得出手。”

儿子问：“爸，什么样的东西算是能拿得出手的呢？”我说：“是你18岁以后能够独立生存的一种本领。这种本领，最好到一流的大学课堂作原始积累。”因为马上面临高考，所以我必须首先这样提醒。

儿子反问，周立波在《壹周立波秀》里讲世界前十名的财富拥有者都没上过大学，而他自己没进过大学校——却可以给复旦大学1500名学子讲课。乔布斯、马云都没上过好的大学，或者读了几天就辍学，不也是很成器吗？

儿子问到了点子上。他说的这些人的确如此。就说马云吧，小学、初中都是三四流的学校，考试总不及格，高中毕业

后曾踩三轮车，他那小身板，想想都可怜。直到有一天他在金华火车站捡到一本书，路遥的《人生》，一口气读完，这本书让他有了志向，从此他的命运得以改变。我说：“当然，孩子，许多东西可能并不能在大学里学到，即使大学毕业，人生的大学也才刚刚开始。”人生是一本厚重的大书，需要在社会大课堂里认真地读，从中学到一技之长权作生存本领，但这需要你有很强的毅力与悟性。

其实，名人富豪的励志故事早已泛滥，就像放久了的鸡汤，馊了，令人生厌。再说，富豪毕竟是少数，根据“二八定律”，20%的人掌握着世界80%的财富，那80%的小人物，如何在20%的财富里分一杯羹？不言而喻，你必须努力。

我听过一个将军给一群战士上课，他说：“两个一同参军入伍的人，业余时间一个爱甩老K，一个爱读书写作。若干年后，他们退伍到一家公司应聘，老板询问他们都有什么本领，爱甩老K的这位退伍兵说，打升级我能一口气从2打到A！另一个退伍兵则恭恭敬敬地捧上一本厚厚的剪报本，里面贴满了他当兵以来发表的稿件。你们说，这个老板会选择谁？”

在同一个公司上班，大家都是一样的朝九晚五，你凭什么比人家强，能出人头地？那就是你比人家多出来的额外的本领。这个本领并不特指一技之长，能进入公司上班每人都是有能力的，当处于同一水平线时，能力相互抵消，那就开始比追求、思想、韧劲、胆量、修养、吃苦。在这些方面，谁拿得出手，谁就占了上风，会更胜一筹。

我有一个记者朋友，做电视新闻的，就职于省卫视的城市服务频道，一看就是个光鲜的差事。但你想不到，这个记者并不满足于在城市的大街小巷奔走，而是别有追求，深爱上了与所从事的工作并不沾边的军事。她胆子也大，敢向上申请，所以，汶川大地震时，搜救的直升机上有她的身影；中俄海军联合演习、陆军的各种演习，她都要求参加，将自己置身波谷浪尖、山野滩头，让电视频道大放异彩。

你更想不到的是，她这几年居然利用休假，数次去日本，与朋友一起搜集二战中侵华日军的资料，与反思二战的“日本铭心会”建立了联系，采访了许许多多二战日本兵后代，搞到了日本方面保存的包括攻陷南京在内的N个G的珍贵视频资料。她用“惨不忍睹”来形容她看到那些资料、录像后的心情。之后，她又只身跑到总参有关部门，查阅资料，采访专家，核实有关情况，硬是制作出8集系列纪录片《真相：1937》。日本的右翼分子对她和她的朋友恨之入骨，给他们寄来了恐吓信，极尽辱骂、挑衅之能事，但是，她笑了，感到了从未有过的轻松！

这位记者还是一个军嫂，老公是军区总医院的专家，应该说生活无忧。我说，你完全可以不做这些事，但你做了，体现了一个记者的非凡胆识与担当。基于她的优秀，今年第11期的《军嫂》杂志，用她身着蓝迷彩的照片做了封面，并发表了她的真情告白《记者的担当》。

当然，有人会说，记者本身高大上，我们小人物难有那么大的理想追求，也没有什么经济能力。我不这么认为，每个记者，放到全国100万之众的记者队伍中，都是小人物，要出类拔萃，必须比别人多一手！那么放到普通阶层来说，这道理是一样的。

我有一个穷哥们，有一天开口向我借钱，说是不争气的儿子终于准备干点正事了，想买辆三轮车跑跑运输，要借5000块，他已经欠了一屁股债，实在没人可借了，只能想到我。我毫不犹豫地借了。过了一年，朋友又开口借钱，理由还是同样。我说去年不是买了吗？他说，没买，被儿子吃喝玩乐败坏光了。我很生气，说："一分也没有！"

后来听说，朋友家拆迁补偿100多万，他儿子并没有还任何人的欠账，也没用这个钱去学个手艺、开个门市什么的，仍然胡吃海喝，被亲友乡邻鄙视。你看，满大街小巷摆摊设点的，美容美发的，车辆修理的，修鞋擦鞋的，手机贴膜的，收发快递的，还有在城里的工厂、建筑工地打工的都是普通人，靠自己的一技之长生活，没有一技之长就靠一身力气养家糊口。他们一样是令人敬佩的劳动者。真不知道，好吃懒做的朋友的儿子坐吃山空，100万花完了该怎么办。

人生的道路漫长，走着走着一不留心便容易迷失。在行进的途中，我们也要想一想自己有哪一样拿得出手的东西，能够让你出人头地，从而不被这个世界边缘化或者遗弃。

你所谓的稳重，不过是在扼杀天性

儿子从小的时候，我就给他剃跟我一样的平头，因为少不更事，也没有什么。直到他十五六岁上了高一了，有一天突然问我：“爸，我为什么要留跟你一样的平头？”我随口说：“那会让你看起来稳重一些。”

儿子眨巴一下眼睛，说：“爸，我要换发型，把头发留起来。”我问：“为什么？”他说：“我们班所有同学都说我的发型弄得跟成年人似的，我觉得我的脸型应该留长发好看。”

我试图打消他的念头，苦口婆心地说：“儿子，你们现在的青少年根本就没个正形，那头型简直没法看，有鬓角剃完头顶特长的，也有中间隆起像个火山的，哪像个学生，一点也不稳重。”

儿子急了，说：“我就是个学生，干吗非要像你们大人一样稳重？你不要以你的观点来要求别人好不好？再说你不是也讲过，你中学阶段也有过留长头发的经历吗？我为什么不可以？！”

我说：“我现在看了当年的长头发照片，觉得特别傻，特别丑，我只不过是想让你避免我的错误，省得长大了后悔。”

儿子说：“后悔不后悔那是以后的事，再说了，我不经历过，将来怎么知道后悔不后悔？更何况，我并不觉得你长发的照片丑啊，相反我倒感觉很潇洒呢！”

儿子最终留起了长发，往一边倒的那种，老师和同学们都说好看。就连乡下的姑姑看过照片后也说：“大侄子这发型，才显得有活力有朝气。”

外人的评价，像扇了我一巴掌。我不得不反思自己的一些所谓的人生信条。是的，我的所谓的“稳重”，差点扼杀了作为孩子的天性！

其实，细想起来，受害的不仅仅是孩子。我们想当然的一些忠告，扼杀了多少成年人的人性？

3年前，公司里新来一位小同事，姓廖，二十五六岁的青涩样子。刚来那几天，他认真地向我请教，怎么才能在公司里立足？我说：“你们年轻人最大的毛病就是眼高手低，心浮气躁，你要尽快站稳脚跟，就得让人看起来感觉你稳重。”小廖说：“我懂了。”

如今，两三年过去了。小廖业绩平平，既不算出类拔萃，也不处于下游。公司业务会上很少听到他发言，也就没什么可圈可点的业绩，倒是他那身乡镇党委书记一般的打扮，让我起初觉得滑稽，现在是越看越不顺眼。

我明白了，很可能是我那句“你要稳重”的所谓忠告害了他，让他看上去与实际年龄大不相符，显得不伦不类，不三不四。我很想打自己一个大大的嘴巴子！

我们从小给孩子灌输一种“稳稳当当”的理念，把孩子培养成了一个中规中矩的人，却不知这是画地为牢，有多少天性、多少创造被框死在了一个框子里。同样，我们在给下属、同事、朋友“要稳重”的忠言时，其实是熄灭了进取的火、掐掉了向上的尖，把一个活生生的人，变成了圆滑世故的废物。

你的忠告也许是善意的，但你没有权利剥夺别人后悔的权利。

有哲人总结人生要保持的10种境界，第一条就是“童心”。童心意味着真诚、善良。有一份童心，就多一份快乐，少一份忧愁，你的心就永远不会老。

做人，稳重是需要的，但绝不是非此即彼。只要不走向它的反面——轻浮轻佻，你尽可以痛痛快快、随心所欲地轻松前行，体现人性中率真、机智、幽默、勇敢、活力的一面。一辈子做个“装在套子里的人”，太累，也太痛苦……

我想跟曾被我“祸害”的年轻同事小廖说，脱掉你那身乡镇书记的外套吧，做回你自己。以后我如果再向你面授机宜“稳重稳重”，我希望，你给我一个嘴巴子！

人生其实很短，装着装着就走到了尽头。做本真的自己，生命才更有意义。

享受一次独行的时光

接儿子下晚自习，因有事处理耽误了几分钟。在车上，我跟儿子解释时，儿子说：“爸，您有事不能来接我的话，事先和我说一声，我自己坐公交车回家。”我说：“背那么重的书包挤公交车，太累。”儿子说：“没事，其实坐公交车回家对我来说是一种享受，可以放松一下自己。”

知子莫若父。我能理解儿子的话，公交车一站一站地停，至少比私家车的“一站式”可以多出20多分钟。放缓了回家的节奏，也就意味着从下晚自习到回家中再做作业之间，多出了20分钟的自由时间。这20分钟的放松，对于一个背负沉重学业的学生来说，太过宝贵。

学生的累，每个家长都心知肚明却又爱莫能助。每天早上6点30分我开车送儿子去学校时，十几分钟的路程他都能美美地睡上一觉。有时候，我希望堵车，可以让他多睡一会儿，但又怕堵车耽误了他的上学和我的上班，于是心里便很矛盾和纠结。上完晚自习也很少让他自己坐车回家，是为了节约那20分钟，好让他尽早回家一头扎进作业堆里。独行，成为奢望，变成了他难得的享受。

其实，何止是学生，对每一个在社会上打拼的成年人来说，何尝不需要一次独行？独行，又何尝不是一种难得的享受？

我的微信朋友圈中，有一个“鲜为人知”公众号（xianweirenzhi21）的读者小丽，是一个做生意的女孩子。前几天，我发现她的朋友圈内，忽然中断了每天忙于生意场的图文消息，看到的却是她在云南大理、丽江、玉龙雪山等地旅行的心得和图集。

我问她，怎么有空去旅行了？她说：“每天神经绷得很紧，必须要给自己来一次放松。”没错，我从她发在朋友圈中的图片上，看到了她的悠闲、惬意与舒适，像一个行吟的诗人，而根本不是一个忙碌的商人。在大理，她写道：“大理，且听风吟。在干净的月光下感受着慢生活，听美女讲杨丽萍的故事。”在丽江，她写道：“身体累了，心灵该上路了。我在丽江，你在哪儿？”“在丽江的灯光下许愿，善良的人都有一颗柔软的心，不会被城市的喧嚣所淹没。”

即使结束旅行回家，又投入到繁忙的生意场上，小丽仍然忘不了那些美景和那些小城：“有没有一首歌会让你想起一座城？”链接的是汤潮的一曲《再见丽江》。她还说，“要么读书要么旅行，身体和灵魂总有一个在路上。”我能说，这是小丽此行的最真切的感悟吗？

想起流行的一句话，“来一场说走就走的旅行！”这句话，听起来豪迈潇洒，但能做到的不多，除非你是单身，还要加上你有一定的经济能力。除此之外，那些成了家的，入了体制内的，有了工作的，一家老小拖累的，“说走就走”简直就是梦想！所以，我喜欢看朋友圈内朋友在各地旅行时发的美文美图，那是带我进行了一次时空穿越，让我足不出户就大饱眼福。

说到“足不出户”，我忽然意识到另一种“享受独行”的方式，便是读书。

我的夫人有一位初中同学，叫于海红，当年是个才女，现在是名教师。有一天她从我夫人的朋友圈内看到我的文字后，跟我夫人聊天，说因为忙于琐碎的生活，竟有好几年没有安下心来读一读文学作品了，姐夫的文字让我感到轻松，是一种享受，我决心从今以后再忙也要多读些书，写些文字，给心灵一次旅行。她还给我夫人发来几年前在QQ空间里写的系列篇章文字，夫人指给我看，文笔确实优美，但可能因为忙，更新得比较慢，她的好多朋友留言相催。

月夜，万籁俱寂。灯下，捧一本书，一杯茶，边读边品，目光在字里行间穿梭，思想在佳句段落里游走，何尝不是小丽在丽江那般的“享受独行的时光”，也可能是儿子愿意自己坐公交车的那20分钟。

生活的节奏太快，背负的压力太大，就像高中生儿子不停地往来于学校和家庭之间，就像生意人小丽不停地周旋于商品和客户之间，就像于海红老师在不停批改作业的同时还要思考柴米油盐。需要放慢一些脚步，享受自己的一次独行。

读万卷书，行万里路。在熙熙攘攘的人生之路上，偶尔放缓一些脚步，来一次属于自己的独行，是在给自己的精神蓄电，也是在等一等自己的灵魂。动力不足的前行，一定走不了太远；失去灵魂的奔跑，很可能是一场没有意义的盲动。

人生很短，请留给自己一些独行的时间。

人生高考题，谁能答满分？

离高考的日子越来越近，儿子的学习也愈发紧张，每晚快12点才休息，早上6点半送他上学校，一上车他便倒头就睡。

不想干扰他，平时我们父子之间交流的机会很少，偶尔会在接他下晚自习回来的路上聊上几句。但尽管是很少的几句，却让我对这个在我们眼里永远长不大的孩子越来越刮目相看。

而蕴含在故事中的一些思考，虽然在高考试卷上涉及不到，但我想应该是“人生高考”的必答题。所有即将参加高考的孩子，都来答一下。

（一）

你懂得感恩吗？

一模考试结束的那天晚上，我接儿子下自习。路上我问考得怎样，他回答我应该不错，高出一本线四五十分没有问题。

我说，那你这成绩算是名列前茅了吧。

儿子说：“爸，你太不了解我们学校了，像我这样的成绩未必能达到平均线呢。”

我知道儿子始终为他初中和高中都在就读的十一学校感到骄傲自豪，从来没有讲过学校的任何不好，在他眼里，校长、校园、校风、校纪，哪怕是学校的伙食，一切都完美无缺。

儿子接着说：“爸，我觉得我能上这所学校，要感谢一个人。”

我问：“谁？”

儿子回答说：“肖老师。是肖老师教我练提琴，使我小升初能以艺术特长生考进这所学校来，读完初中，中考又以艺术特长生的加分进入高中。如果没有肖老师的耐心辅导，我在音乐方面怎么能开窍？更别提进入这么好的学校了。”

这是儿子第一次主动给我提到感恩他的艺术辅导老师。据我所知，在肖老师教的几个孩子中，儿子属于最没有乐感的一个，我们曾经无数次地想要放弃，但由于儿子和肖老师的坚持才走到了今天，而且表现出色，不仅中学上了理想的学校，而且已经通过了某重点大学的艺术特长生测试，签约优惠政策录取。

如今肖老师在一年前已经完成了她的历史使命，对儿子眼前即将到来的高考再无帮助，但是儿子偏偏想到了她。

许多名人都对感恩讲过许多至理名言。比如尼采说，感恩即是灵魂上的健康。卢梭说，没有感恩就没有真正的美德。但讲归讲，对一些人而言，即使没读过名言也懂得这个道理；而对另外一些人，虽饱读诗书也未必做得到。

懂得感恩，一切全凭内心。这一点，看来儿子是过关了。

（二）

你愿意激励他人吗？

大概是在半个月前，老家的一个本家妹妹给我讲了一件事情，就是她的儿子也面临高考，有一天突然说学得头疼，实在学不下去了，不想参加高考了。

妹妹说：“在这节骨眼儿上出这样的事，真是令人害怕！大哥，大侄子今年也高考，他们是同龄人，想听听他的意见。”

当天晚上，我在车上将这件事说给儿子听时，我认为他给不出什么意见建议，还有可能嫌我拿别人的问题来烦他。曾在学校高考家长会上，一位副校长就告诫说，这段时间少讲一些负面的东西，免得导致孩子有负面情绪。

谁知，儿子想了想，说：“离高考就差这么几天了，为什么要放弃呢？就像跑一场马拉松比赛，最后的一公里走也要走下来啊，否则不知道有多可惜！”

儿了又说，“虽然高考不是一个学生唯一的出路，但考上了大学学更多的知识，今后的出路会更广啊！如果觉得太累，可以适当休息一下，哪怕睡上一整天觉。不要给自己太大压力，但也绝不能没有任何压力。毕竟是高考，十二年苦读在此一举。告诉这个哥哥还是弟弟，我们一起加油！”

我将儿子的话转告了那个妹妹。妹妹说：“谢谢哥！我晚上会将侄子的话讲给儿子听。”

后来再也没有提及这件事，我也不知道我儿子的话对妹妹家的大外甥到底起没起作用。就在差不多要忘记的时候，前几天我从那个妹妹的微信朋友圈里，看到她发布的一句感言：

今天是儿子19岁生日，他不要蛋糕也不要礼物，做好准备迎接高考！亲自给儿子做了手擀面，儿子说妈妈辛苦了！其实儿子现在是最辛苦的，祝儿子生日快乐！金榜题名！

这段话，配上了手擀面的图片，能想象出作为母亲的这个本家妹妹此刻该有多么兴奋——儿子全身心复习迎考并且能体会到母亲的辛苦，难能可贵！

此刻我想到了我的儿子。我不知道是不是他的话对本家妹妹孩子的思想转变起到了作用。但是我想，至少在愿意激励他人、帮助他人上，我的儿子又过了一关。

（三）

你懂得欣赏别人吗？

在距离高考还有11天的那天晚上（我之所以能记住这个日子，是因为在车上听了收音机的新闻播报），照例是下自习回来的路上，儿子有点兴奋，跟我说："爸，我给你讲一件我们学校发生的伟大的事情。"

我感到很好奇。基于怕影响儿子情绪的原因，我一般不会问起学校的情况，这次儿子主动提及什么"伟大"的事，一定是有什么事对他触动很大。

果然，我听了儿子接下来的讲述后，也被深深地感动了。

原来，今年中考，儿子原来所在的学校——金帆交响乐团，有16个初三学生，但保送本校高中的名额只有15个，也就是说必须刷掉一个人。

众所周知，参加乐团的孩子由于平时上小课学习乐器、参加学校排练和演出，文化课成绩都不是很好，刷掉的这个人一定是平时文化成绩和艺术特长最靠后的那个。

然而这16个孩子中，琴拉得最好而且学习成绩也最优秀的一个孩子主动站了出来，提出他将保送名额让出来，自己要通过应考再考入本校高中！

儿了说："这个学生我认识，他不仅琴拉得好，而且学习在班里也是前三名。我们曾经在一起排练演出过两年时间，感觉他话不多但非常勤奋，做完功课后，他常常一个人在排练厅拉琴，一拉就是两三个小时。"

儿子还说："看他内向的性格，你根本想象不出他是能做出这样大胆决定的人。有的人认为他傻，而我则认为他很伟大。这件事反映出他是个特别有胸怀有爱心的人，也体现了他坚定的自信！我很高兴我能有他这样的朋友！"

在当今不少人为名利钩心斗角、失德失范的社会里，一个少年的"让贤"的确让人如沐春风，儿子用上"伟大"一词并不为过。

听完这个故事，我说："儿子，从来有学问而能担当大事业的人，无不先从品行上立定脚跟。我敢断定这个有品格的孩子将来一定会很有出息。"儿子说："我也相信。"

许多时候，我们自身和在对孩子的引导上追求得太多，比如快乐、艺术、财富、权势、知识、天才，我们恰恰忘记了，有一样更宝贵的东西值得我们去追求，这就是优秀而纯洁的品德。

当然，懂得欣赏别人，面对别人的优秀是由衷地赞美而不是"羡慕嫉妒恨"，甚至是泼脏水、使绊子，在当今何尝不是一种美德！

我想，在这一点上，儿子也过关了。

就在本文将要画上句点，儿子又告诉我一个好消息，校长听说了这个学生的故事后，首次启动了“特别保送权”——保送这个品学兼优的孩子免试进入本校高中！

完美！

哪里有什么默契，只不过是懂你罢了

（一）

下午4点，终于安顿好了儿子在大学的衣食住行，我和妻子坐上朋友的车准备去机场。儿子站在路边招手，我摇下车窗，盯着他的眼睛说，等下你转过身去，就意味着你真正离开我们开始独立生活了，要好好的。

儿子点点头，有点勉强地笑了笑。我赶紧收回目光，生怕再直视下去，彼此的眼里要流出泪来——我已经发现有亮晶晶的东西在他的眼眶里打转了。

一路上，妻子默不作声，我也有些怅然若失。儿子长到18岁，一直在我们的眼皮底下生活，现在来到千里之外的成都读大学，确实有些舍不得。他今后的生活情况会是什么样子呢？

（二）

这样想着，我突然来了灵感：何不让儿子向我们开放他的微信朋友圈呢！这小子，自打上高一时用微信，就设置了不让我们看他的朋友圈，过去一举一动都在我们眼皮底下，看不看无所谓，现在必须要看了。

然而，就在我刚刚从通讯录里找到他，准备私聊要他向我们开放权限的时候，却意外地发现，我已经可以看到了他的朋友圈了！

我赶紧把这一消息告诉妻子，妻子也是一阵惊喜，连忙点开看。我又突发奇想，跟妻子说，我们三口之家应该建个小群，便于交流，省得儿子给你发还得给我发。

再次让人不可思议的是，我的话音刚落，手机上此时出现了儿子邀请我和他妈妈加入群聊的消息！儿子已经把小群建起来了！

开车的老朋友孙谋大为感叹，说：“你们父子之间真有默契啊！”

我抑制不住心中的激动，但还是冷静地说：“我们和儿子之间只有代沟，没有默契。只不过现在，他好像终于能明白我们的心思，知道我们想要什么了。谢天谢地！”

（三）

默契这东西，真是一种可遇不可求的奇妙感觉。所谓“心有灵犀一点通”。经过长时间的互相磨合，最后形成了可靠的直觉。而在这个过程里，有些东西是靠心灵的悟性，非言语所能表达。

我和儿子经过18年时间磨合而成的默契，其实不叫默契，只是那一刹那间他读懂了我的眼神而已。

高中的同学阿力，在一家公司做部门主管。他跟我抱怨说：“手下的十几名员工，好像跟自己永远没有什么默契，你说上东他向西，你说打狗他撵鸡，思维总不在一条直线上。”

我说：“你对你的员工，多了解他们的家庭情况，比如住在哪儿，孩子多大了，媳妇是干什么的，老家什么地方的。”

阿力说：“工作忙，哪有时间了解这些。再说了，我是主管，跟他们扯这些闲话，丢份啊！”

我说：“那就别怪你们之间没有默契了。其实，这世间哪里有什么默契，只有你们之间相互懂多少罢了。”

（四）

比如说，《追风筝的人》中，哈桑总能够不看风筝，就能迅速判断风筝的落点。你能说，他和风筝之间有一种默契？这只是哈桑对风筝太熟悉，直觉判断得准确。

再比如说，足球场上，C罗不用示意，用后脚跟把球磕向身后，卡卡不用提醒，接了球迅速传向禁区，C罗单刀插上，一脚劲射破门。这种默契，体现了双方的熟悉程度，以及长期的配合，使之形成条件反射。

我在读医校的时候，特别痴迷写作投稿，但那时家穷，用的稿纸太多，有时连稿纸都买不起了，甚至写好了稿子都没钱买邮票邮寄。

班上有一位班干部，总能在我窘迫到火烧眉毛的时候，突然在我的课桌里塞上一摞稿纸和几张邮票。还有一位同学，课间在教室外，我只要看他一眼，他就知道我是没烟了还是需要让他传纸条，不是马上递上一支烟，就是装作若无其事地靠近我，偷偷接过我手中的情书。

多少年之后，这两位同学跟我说，那时特别看好你，你的努力刻苦、屡败屡战的精神打动了我们，我们愿意成全你，不等你张口，默默为你做点事，是不想破坏这份和谐。

这里的默契不是默契，分明是最高境界的和谐。

（五）

如今，有人感慨世态炎凉，有人吐槽人心不古。领导与下属之间，同事与同事之间，亲戚朋友之间，甚至是夫妻之间，已经很少有那种“你一张嘴我就知道你说什么”“我正在想你，你就来了电话”“不约而同想去干某事”的感觉。社会关系和人际关系也变得不和谐。

这不是缺少默契，而是缺少心灵的沟通。把自己封闭在一个自我空间里，还能奢望同谁保持默契呢？

默契，是遇见另一个自己。当你抱怨这个世界同你不够默契时，一定是时间还不够长，一定是人生还不够成熟，一定是懂的还不够多，一定是情感还不够深。

哪里有什么默契，不过就是一个眼神！

亲人·虽远隔千里，却抑制不住地思念

Part 4

听说过这么一句话："父母健在，兄弟姐妹是一家人；父母百年之后，兄弟姐妹便成亲戚了。"说得多么有道理！亲情是对家的眷恋，对团圆的渴望。浓浓的亲情是家庭的黏合剂，它能使一个家庭有着强大的生命力、凝聚力和影响力。亲情，血浓于水，不要等到淡如水的时候，再去后悔！

你究竟有几个好妹妹？

有人说，人的年龄越大就越容易怀旧，所以是“眼前的记不住，过去的忘不了”，可我还在奔五的路上，并不算老，却时常在脑子里放电影，嗞嗞啦啦的全是过去的事。特别是如果有人无意中牵出一个线头，在我这里便没完没了，剪不断，理还乱。

（一）

就说那天晚上吧，我忙完一些家务事翻开手机，发现有一个未接电话，陌生号码，显示归属地是广州，我以为是“响一声”的骗术，便没有理会。过了一会儿，那个号码就发来了短信：哥，我在网上看你和嫂子送丁丁上清华考试，一（时）突然特想你们，能发张全家照看看吗？

哦，是妹妹！是在广州卖糖葫芦的大妹妹！也是我在前文中写到的那个3岁时与我在内蒙古共同面对饿狼的那个妹妹。我立刻从手机里找出几张照片，给她发了过去。我知道妹妹平时言语不多，她突然有了这种心情，一定是真的想念了。

发完照片，我竟愣愣地坐着，什么事情也做不了了，脑子里全是往事。

（二）

我有三个妹妹，一样的亲，但这辈子我觉得最亏欠的就是这个大妹妹。

妹妹也生于20世纪60年代，比我小2岁，初二没上完，便辍学了。她说父亲母亲干农活太累，粮食也卖不了几个钱，仅仅够哥哥学费的，不如放学帮帮父母，供哥哥一人把学上成算了。她的态度很坚决，父母拗不过，只好答应。那时她才十三四岁，便跟着父母下田栽稻子，施肥、打药、拔草、收割、连夜挑灯脱粒，耕地，再种二茬……晒得黑黑的，像个小大人，但明显的瘦弱，营养不良。

我那时在乡中学念高中，住校，一周六天上课，周六下午放学回家，周日晚上赶回学校上晚自习。回家，赶上农忙时节，妹妹就跟父母说："哥不用下田，在家做饭，我们干完活回来好有个热汤热水吃。"我说："你一个女孩子怎么不学做饭？"她说："我喜欢干活，不喜欢做饭。"娘说："你妹这是不想让你累着，你还矫情！"

我就是那个时候学会了做饭做菜的，虽然一开始不是玉米粥烧煳了有一股烟气味，就是菜里盐放多了咸得要命，但妹妹总是直夸好吃好吃，说哥你以后接着做。

（三）

农闲的时候，是我周末回家最快乐的时光。父母在自家的菜园里拾掇，那只我给取名叫“卡尔”的家狗慵懒地躺在阴凉处吐着舌头；一群公鸡、母鸡满院子里刨食；树上麻雀叽叽喳喳；知了也不知疲倦地鸣叫。妹妹则在机井边给我洗一大堆的衣服，家的氛围恬静而和谐。

妹妹洗衣服时，是不许我走开的，非要我搬个小板凳坐在她边上，给她讲学校里的事儿。我信口开河，一会儿讲到学校组织春游看桃花，一会儿讲我上课打瞌睡时语文老师拿粉笔头扔我，一会儿又扯到我们逃课跑铁路旁看参加对越自卫反击战的运兵车，东拉西扯的，妹妹却听得有滋有味。

然而，这种和谐的氛围曾经被我不小心破坏过。

有一个星期天，阳光很好，妹妹哼着歌洗着衣服，我在一旁边压着机井帮她打水，边讲学校里的故事。当我讲到我在学校运动会上，拿到了“优秀小记者奖”时，她停下了手，惊喜而又好奇地盯着我，“哥你得奖了？小记者奖？什么是记者啊？”我揶揄她说：“哼，你看看你不上学就没文化，连记者都不知道！”

谁知妹妹听了脸色突然大变，“嗷”的一声哭起来，端起衣盆就准备往我身上泼。我赶紧躲开围着磨盘跑，莫名其妙地喊：“你干什么？你干什么？”她在后面转着圈追，边追边哭说：“你笑我没文化，还不是为了你上学！叫你嘲笑我，叫你嘲笑我，不给你洗了！”见追不上，她把盆咣当一声摔在地上，蹲在地上哭起来。

我觉得过意不去，赶紧过去赔不是，安慰她，给她讲笑话。她起初不理，把衣服一件件地收进盆里，使劲地搓。我说：“小妹你跟衣服有仇啊，那么大劲，都给我搓坏了，我咋穿着上学？”她这才勉强笑一笑，像是对我又像是自言自语，说：“上学上学，这辈子只要哥能成一个文化人就行了，天天拿奖，俺无所谓的，无所谓的……”

我那时忽然明白，妹妹还是非常向往学校的，只是生活所迫，她选择了放弃。看得出，她内心时常在挣扎，但她总是努力地在说服自己。我发誓，以后再也不提这个茬儿了，等我将来发工资了一定尽妹妹花钱！

（四）

星期天晚饭后回学校，是我最难受和惶恐的时候，倒不是因为要开始新的一周，而是因为担心妹妹。

学校离家六七里地，步行太累又费时间，只能骑车。那时候家里仅有一辆破旧的除了铃不响哪儿都响的大架自行车，为了不耽误家用，每次都是我骑车带着妹妹到学校门口，然后再由妹妹把车子骑回。

妹妹个头小，骑车要踩脚踏板，就坐不到车座上，只能跨在横梁上一蹬一蹬地骑，这样骑不好不说，关键是路上黑漆漆的，路边也没有人烟，我总怕她有什么三长两短。每次在学校门口看着她骑远，直到看不见她了，才忐忑着走进学校，坐在教室里，我经常一晚上心神不宁的，一个字也看不下去，见有家在同一个方向的同学赶来，总要小声地问“路上没听说发生什么事吧”，听到对方答“没什么啊”，心才稍稍放下。等到第二天上午没有听说附近发生交通事故，心才能彻底放下。

周而复始，我这样的担心竟然整整伴着我几乎全部的高中时光。

在许多年之后，有一回我与家人团聚聊天，说起当年星期天晚自习那种不为人知的心情时，娘笑着说，你的心也太小了！妹妹却一脸惊讶，不说话，继而眼圈红红的，转过脸去。

（五）

我高中毕业后离家，辗转几地工作，一年也回不了一次家。妹妹出嫁我就不在，她嫁给了本村一个憨厚的小伙子。她更闲不住了，两边跑着干活，照顾父母也方便。那时电话还不普及，我常写信问家里情况，妹妹在回信中总是劝我别顾家，父母有她照顾挺好的，要我好好干工作就行。每次写不满一页纸的回信，总还是有不少的错别字，但我很珍惜，一封封订好了保存下来。

最近这七八年，村里的土地上建起了开发区，成片成片的厂房林立，生产装修用的板材，也有生产猪饲料的。没了土地，起初妹妹在厂里打工，嫌不挣钱，在女儿考上大学之后，她和妹夫南下广州，去卖糖葫芦了。

我们老家盛产山楂，山楂除了用来做酱，便是用来做糖葫芦。就像身处名胜古迹的人并不觉得风景有什么好一样，在老家糖葫芦是无人问津的。妹妹听说广州那边的人好吃，就抱着试试看的念头南下广州去了，没想到春节前后几个月竟然挣了三四万块，从此每年从开始转冷的九月底开始，到春节后这段时间，广州就成了她和妹夫的必去之地，并且在花都区站住了脚。据说花都区的人特别认我妹妹的糖葫芦，在公园门口，在商场边上，在汽车站、火车站，妹妹扛着稻草秆扎成的把子来回地溜达，最多的时候一天能卖上五六百块钱。

我曾经跟妹妹说："我工作挣钱了，外甥女也上了大学，马上毕业就使工资了，不需要你再这么拼命了，在家里到工厂上班，挣得少但不这么辛苦。"妹妹淡淡地说："不辛苦，现在家里没地了，什么都要买着吃，花钱；人情来往，花钱；孩子将来谈婚论嫁的，也要花钱。你们城里人开支更大，我们多挣点，哥你就可以少掏点。”不管怎么劝，即使妹夫动了心思，可就是说不动妹妹。

（六）

不过，妹妹并不是视金钱至上的人。

冰糖葫芦，春节的时候是最好卖的，能比平时卖出多一倍的量。可基本上，我和夫人带孩子每年春节都要回老家看父母，这个时候，就是再多钱妹妹也不会挣，卷起铺盖马上回家跟我们一起过年。农村拆迁建成了社会主义新农村小区，妹妹的家与我母亲家只隔两栋楼，抬脚就到。那几天，除了大年初一按风俗不能到娘家来，其余时间一天到晚帮母亲做家务，陪我们聊天。

有一年春节前，上大三的外甥女放寒假，事先没有说一声，就直接飞广州找爸妈了。她想看看爸妈生活的到底是怎样的一个环境，看看能不能帮上什么。

到了广州，几经辗转找到爸妈时，她流泪了：妹妹、妹夫为了多卖几串糖葫芦，不停地往返于租住地与公园之间，熬糖、制作、穿串、叫卖，一天没吃饭了。外甥女立即带他们到快餐店饱餐一顿。晚上出租房内睡觉，居然有大老鼠爬到身上。

外甥女心疼爸妈，当夜就在网上订到了大年三十回老家的火车票。妹妹抱怨说，你舅舅、舅妈他们又不回，我们等过完节后多挣点钱再回多好，还是把票退了吧！外甥女不答应，硬把他们逼回了老家。后来我给母亲打电话，听说妹妹为了这事惋惜了好一阵子，说这提前回来，几天就少挣了万把块呢。

我一时语塞：我们春节回老家过年的那几次，妹妹得少挣几个万把块呢，可从没听到她抱怨过一次！

（七）

给母亲打电话，聊起家里情况的时候，母亲总是把“妹妹”说成“姐姐”。就像最近的这次电话，母亲开口就说：“你姐听说你们今年不回家过春节，她也不回了，想卖到正月十五多挣点钱再回，哦，不对，我又说错了，是你小妹……”我哑然失笑。

也许是母亲开始变老了，思维跟不上了；也许是在母亲的心里，从小就受过太多苦累的妹妹，根本就是一个姐姐的样子，心理年龄要比当哥哥的大，所以常常不假思索，脱口而出。而我更愿意相信后者。

母亲还对我说，邻居乡亲的，常说你妹妹，哥哥嫂子还有闺女都在城里工作，你整天扛个糖球（土话，糖葫芦）把子，也不嫌丢人啊？他们手头稍稍挤一点，就够你用的了。再说，闺女还要找对象的，人家怎么看你这家庭。妹妹说，谁的钱也不是大风刮来的，再说哥他们城里人花销大，一把青菜都要好几块，我都恨不得天天给他们送青菜去。俺不偷不抢的，老老实实地挣钱，有什么好丢人的呢。孩子找对象，俺要她不要向人家隐瞒什么，家庭就是这个样子，不想攀什么高枝，处不处对方要想好……

宁愿自己多吃点苦，也要替别人着想。这就是我的妹妹。

听说过这么一句话："父母健在，兄弟姐妹是一家人；父母百年之后，兄弟姐妹便成亲戚了。"说得多么有道理！亲情是对家的眷恋，对团圆的渴望。浓浓的亲情是家庭的黏合剂，它能使一个家庭有着强大的生命力、凝聚力和影响力。

但有些人的亲情，在熙熙攘攘的现代社会变革中越来越脆弱。我经常从电视上有关家庭调解的节目中看到，有些子女之间为争夺遗产大打出手，恶语相向；有些家庭甚至父母还健在，便在赡养问题上闹不愉快，相互推来推去。一家人变成了几家人，没成亲戚，倒反目成仇，令人不可理喻。

英国有一句谚语：“亲人帮亲人，无亲来帮愁煞人。”亲情，血浓于水，不要等到淡如水的时候，再去后悔！

我想，妹妹虽然没有多少文化，但她一定比许多有文化的人更明白事理。在我再见到她的时候，我一定请她吃遍全国的美食，来弥补那个年代我对她的亏欠。

隔不断的是亲情

有些人，成天在你身边，你可能对他毫无感觉；有些人，虽远隔千里，却是抑制不住地思念。为什么？因为亲情！

这是关于一个名叫悦悦的小女孩的亲情故事。悦悦的家在苏北一个偏远的小乡村，今年8岁，上二年级了，长得漂亮乖巧。去年的夏天，家里突然来了三个不速之客，一个是她爸爸的哥哥、常年在外地工作的大大（大伯，当地方言称呼），一个是大大的妻子也就是她的大妈，还有一个就是大大、大妈不到1岁的孩子阳阳。都说农村的孩子没见过世面，一有生人来就躲在父母的身后，叫怕生，奇怪的是，悦悦对这三个人完全没有陌生感，很快带着阳阳弟弟玩耍起来。快乐得不行。悦悦自己还有一个3岁的亲弟弟小泽，但她一点儿没有亲疏远近之分。

由于工作关系，大大、大妈只在家里待了3天就走了。谁也没有想到，在大大、大妈要走的头天晚上，小悦悦却躲了起来，在作业本上写下了她平生的第一篇作文：

> 大大和大妈带小弟弟第一次来我家我很高兴，小弟弟很可爱我十分爱他想带他玩很想天天和他在一起，可是大大大妈和小弟弟明天就走了，我很难过很舍不的（得）他们不想让他们走，我会想他们的。

当时才读一年级的小女孩，还没有完全学会用标点符号，但正是这篇少标了不少标点的作文，让人似乎看到了亲情在没有停顿地流淌。这种亲情，是天然的没有矫揉造作的纯洁而浓厚的情感。尽管太小的堂弟阳阳还不会叫她一声姐姐，甚至在离开之后就会忘了她是谁，她依然这么天真无邪地爱着……

又是大半年没有大大一家的音信，善良的小悦悦每天想念着、想念着，有一天在做完作业后，她突发奇想，偷偷写了她平生的第一封信：

> 大大、大妈小弟弟你们好吗？你们什么时候来，我想你们了，还有小弟弟会走骆（路）了吗?我看小弟弟真可爱大大、大妈、小弟弟我永远爱你们。说了真多不说了再见。

信其实很短，但对于不知道信为何物的小悦悦来说，这已经够难为她了。她想表达的都已经表达了，记录了一个孩子对亲人的爱，不用再说客套话。这封信当然没有寄出，被她的爸爸妈妈发现用手机拍了下来。

还好，大大和大妈似乎感知了小悦悦的想念，在今年的某个时候又带着阳阳走了一趟老家，也只有短短2天时间。细心的悦悦得知小弟弟要回来，连夜赶制了她平生的第一张“明信片”。她用稚嫩的小手画下了乡野的牵牛花、向日葵还有许多不知名的小花，认认真真地写上了“小弟弟欢迎回家，送你的花你喜欢吗？姐姐爱你”，前后还分别画上了红心。

这时候，阳阳已经1岁多，会走路了，虎头虎脑的，更加惹人喜爱。悦悦带着他从庭院玩耍到野外，形影不离。阳阳对乡村的一切都充满了新奇，与大地和泥土的亲密接触，那是他们最快乐的时光……相信阳阳长大以后，再看到此情此景，一定会在闪念间有一种“在哪里见过”的感觉，这种感觉，就叫“乡愁”。

实行计划生育基本国策的30年，对于控制人口增长、调剂国计民生起到了巨大作用。但是，对于独生子女来说，显而易见的改变是，没有了亲姐姐、亲弟弟的称谓，再后来当然也就少了亲叔亲舅亲姑亲姨。我曾经替那些独生子女叹过气，孩子没个玩伴儿，太孤单了点；如今，我替小阳阳这样的孩子高兴，国家二孩政策放开后，他或许可以添个弟弟或者妹妹，将从堂姐姐那里感受过的亲情传递下去，也将一分乡愁传递到弟弟妹妹的心里。从被爱中学会爱，在温暖中温暖别人，这是人生的全部意义所在。

亲情是什么？乡愁是什么？就是姐姐手里的那一朵小花，就是哥哥网起的那一只泥鳅，就是爷爷锄头下刨起的一块地瓜，就是那一口燃起柴火的地锅旺旺的，就是那一地的庄稼绿油油的……我不相信所有的独生子女都是自私的，因为亲情再远也隔不断，乡愁再久也记得起。

如果条件允许，还是生个二胎吧。

你若不贪，便无麻烦

我的一个远房表妹娟子家里穷，初中毕业就不念了，想趁早打工挣钱养家。在镇上工作的一个亲戚，给她在镇里的一家小超市找了个收银员的活儿，一个月600块。娟子心想妈妈辛辛苦苦种菜卖菜一年也挣不了这么多，高高兴兴地就去上班了。每天早上8点钟骑自行车20多分钟到镇上，晚上9点多回来，妈妈在村口接她。

娟子上班一个星期后，有一天妈妈突然出现在她的小超市里。农村镇上的小超市可不比城里，十几平方米的房子卖些食品饮料、针头线脑、牙刷牙膏的，只不过比原先公家的供销社多了个自己在货架上拿商品的权利。妈妈像往常赶集那样头上扎个毛巾，左胳膊上挎个篮子。娟子一见刚要叫妈，妈妈眨巴几下眼睛微微摇头示意她不要出声，然后就从入口进去到货架上选购东西去了。

小超市一共两个收银台，娟子对面的那个也是个小姑娘，比娟子早来半年，干活很麻利。娟子一边给等待结账的顾客扫着码，一边在想妈妈今天来赶集早上怎么也没说一声。扫码器发出“嘀嘀”的声音，她还不太熟练地打着价，收钱找钱，哧地从机器上撕下单子连同找零一并交给顾客。“您走好，下一位。”娟子习惯地说着，一抬头见妈妈站到了收银台前，从篮子里取出一盒牙膏、两只牙刷、一袋洗衣粉，还有两袋加碘盐、一瓶老陈醋。

既然妈妈进来时示意她不要吭声，娟子也就装作不认识，没说话，拿起商品就扫。在“嘀嘀”的响声中，妈妈看着女儿的动作虽有些生硬但毕竟能打工挣钱了，脸上微微露出笑容。突然，妈妈的笑容僵住了，她看见娟子没有扫码，把两袋盐和那盒牙膏直接放进了她的篮子里，然后对着最后的一瓶醋在扫，手有些微微发抖。

“你这是在干什么？”妈妈低声问，但声音明显透着严厉。“没事，摄像头坏了好几天了，吓唬人的。”娟子低着头也小声说。“我看是你的良心坏了！”妈妈用眼睛狠狠地剜着女儿，边说边从篮子里拿出没扫码的商品，“重扫！”娟子的脸像被妈妈的很有杀伤力的目光刺着了，红红的。幸好超市人少，后面还没有等着结账的。“妈稀罕你，就是来看看你是怎么上班的，不是来占便宜的。”妈妈小声补了一句，“小时候我教你的你都忘了？！”

正在货架边摆货品的老板，见娟子这边动作有点慢，就走过来，问：“这位大嫂怎么了，有什么问题需要帮忙吗？”娟子心头一惊，心想完了，老板要是知道这工作可就丢了。这时妈妈忙说：“没事没事，就这小姑娘算账还不太熟练哩。”“哦。对不起啊大嫂，她才来上班一个多星期，业务是不太熟。您多担待。”“没事没事，您忙您的吧，我不着急。”

重新扫完码算完账，妈妈挎着篮子头也不回地走了。娟子望着妈妈的背影，脑子里极力地想着妈妈说的小时候教过她什么，怎么什么印象都没有了呢？晚上9点钟，超市打烊，娟子照例推起自行车准备回家，这时从县城到镇上的最后一班公交车在不远处停了下来，车上零零星星下来几个大人小孩。看着公交车，风中的娟子一激灵，突然想起一件事。

那还是她小学二年级时，暑假她跟着妈妈从镇上坐公交车去县城看生病住院的姥姥。一上车，她就看见车厢上画着高度线，上面写着“1米1以下儿童免费”。娟子在学校量过身高，她知道自己1米20，稍微躬点身就在刻度线下了，就可以免票了。娟子有意缩了缩身子，谁知这时妈妈在边上严厉地对她说：站直喽！娟子害怕地看着妈妈，妈妈那时的眼神跟今天在超市里的一样。妈妈掏出钱，扯出几张毛票，买了两个人的车票。

那晚在医院陪床，天真的娟子忍不住还是问妈妈：为什么白天公交车上那样对她，躬躬腰就可以免1块钱哩，1块钱可以买一把铅笔了。妈妈看着娟子清澈的眼睛，说："娟子，你还小，许多事情你还不懂，但你要记住，任何大的恶都是从小开始的。"接着妈妈给她讲了一个民间故事。

说从前有一个小孩，六七岁时偷了邻居的一个鸡蛋拿回家。孩子娘直夸孩子真能。后来，小孩又偷了邻村的鸡回来，娘还是喜滋滋夸孩子能干，十几岁时孩子就发展到偷猪、偷牛、偷狗了，长大后便成了江洋大盗。在被官府抓住要行刑时，大盗对来看他的娘说："我想像小时候那样再吃娘的一口奶，死了就没有什么遗憾了。"娘哭着掀起了衣服，谁知这大盗却狠狠地咬断了娘的乳头，血流了满地，娘死了。大盗对行刑的人说："我小时候，偷来一棵菜、一根柴，我的娘看见了，还直夸我，导致后来不能约束自己，才有了今天的下场。因为怀恨在心，所以我杀了她。"

那时候，娟子听了妈妈讲的故事，似懂非懂，趴在床边睡着了。

月光下，妈妈依然站在村口，娟子看到了妈妈的身影，摇起了车铃，这是母女俩的约定。娟子一手推着自行车，一手扶着妈，慢慢地走。过了半天，妈妈最先打破了有点尴尬的局面，叹了口气说：“今天那事，我真怕你丢了工作。”娟子说：“妈，我错了，小时候你教过我的，我都想起来了。”妈妈说：“那就好，不是说‘自找麻烦’吗，所有的麻烦都是自找的，都是心里的一个贪念带来的，咱不贪不占，什么麻烦都跟咱不沾边。”

银辉如水，树影婆娑。妈妈接着说：“我不会讲什么大道理，但我也天天看新闻，也明白几个理。社会与法制频道播的那些案子，罪犯都是贪玩贪心、贪图享受、贪图来钱快，受骗的也都是贪小钱小利的；抓的那些贪官，一开始也就是一时的小贪念，最后越贪越没有边儿。咱虽然是老百姓一个，与当官八竿子打不着，也犯不了什么大事，但理儿是一样的。你看新闻没，一些小姑娘稀里糊涂地坐个出租车就失踪了，就被害了。什么原因？除了坏人凶残，就有女孩子的贪念在里面。电视上放的，一个记者有意开个车，拉路边等车的女孩，开价很低，结果总共招呼了7个女孩，有5个都跟着走了。贪小便，吃大亏，贪多了，就有可能作大恶。”

妈妈唠叨的这些理儿，没几天就应验了。有一天，娟子回家说：“早她半年的那个收银员女孩，常偷拿超市的东西回家，还给来超市购物的家人少扫码，被老板发现了，开除了她。结果呢，小女孩和家人怀恨在心，夜里来把超市门窗玻璃都砸了，老板报了警，警察调取门口的监控取证就把女孩和她家人抓起来了。”

妈妈神情忧郁，对娟子说：“我说什么来着，无论当官掌权还是平头百姓，‘贪’念都不能生啊！”

酒满喜人，茶满撵人

（一）

大凡敬酒，要么先干为敬，要么碰杯同饮，所谓“我干了您随意”，显得诚心诚意。你敬人家酒，要是不喝或者是喝得少了那是“大不敬”。

然而，在我的家乡，给长辈敬酒，自己是不须喝的，双手将长辈的酒杯端起，恭敬地请长辈饮用，这就是敬酒，名曰“端酒”。

家乡苏北徐州市邳州那地方，人情世故挺讲究的，有不少的规矩。比如待客就有“酒满喜人，茶满撵人”的说法。意思是，给人斟酒，倒满了杯说明主人喜欢你；倒茶要是倒满了，就是要“逐客”的意思了。

而“端酒”是待客里最为讲究的一种风俗。这风俗不知怎么来的，反正我打记事起，每逢家里喝酒或者到别的人家去吃喜酒，常被大人呼来唤去，“来，给你大爹端个酒”“去，再给你三大爷端一个”。

长大之后在外地安家工作，每逢回到老家，酒桌上，只要比我辈分长、岁数大的，我都乐意给他们端酒为敬。酒这东西又辣又苦，端给别人喝而自己不用喝，我是偷着乐的。因为我实在没有酒量，一瓶啤酒或者一两白酒就能让我喝趴下。

后来，从一个长辈口中知道了端酒的来历。

过去，河南、安徽、山东、江苏交界的这一地带，很穷，人们难得能填饱肚子，酒更是喝不起的。偶尔能有闲钱沽上一壶，必定要先给长辈享用。为表示尊敬，敬酒就变成了为长辈端杯，说上几句祝福话，然后恭恭敬敬地站边上看着。

长辈一干而尽，一般还要端第二杯，叫“好事成双”。长辈如果不胜酒力，不能再喝，会主动说“一杯双意”，代表端一杯就行了。然后待长辈杯子落下，小辈还要双手将筷子奉上，请长辈夹菜。

考察了一下，端酒的风俗，主要集中在安徽宿州、河南商丘、江苏徐州、山东的日照和临沂这一带。徐州在清代时有“五省通衢”之谓，即沟通直隶、山东、河南、江南、浙江五省，民风淳朴、大气、包容，懂得尊长爱幼，“端酒”之规矩一直沿袭至今，不足为怪了。

（二）

小时候不懂事，总感觉好吃的好喝的，都让长辈先享用了，看着眼馋，嘴上却不敢说。殊不知，作为一家之长，一年里他们最累，脸朝黄土背朝天，都是付出，只有在酒桌上才能得到一点点尊严。

生活一天天地好了，酒不愁喝不到了，端酒的规矩仍然没变。

每次回故乡，与亲邻一起吃饭，我都还习惯于为长辈端酒。有的长辈岁数比我小，人小辈分大，也得给端。这时“小长辈”会说，来来来，一起喝。就躲不过了，硬喝下去，辣嗓子难受。

尽管会难受好几天，但“礼多人不怪”，人家背地里还会夸，“XXX那孩子是个讲究人，不管当多大官还是给长辈端酒”。

其实，生活好起来以后，过去很多很严的规矩就会变得宽松。

记得有一年回家，去一个叔叔家玩，叔的亲家也就是堂弟的岳父正好来做客，就一起吃饭。席间，我要给堂弟的岳父端酒。堂弟岳父比我大不了几岁，酒量很大，豪爽地说，过去是喝酒喝不上才端的，现在酒那么多，啤的白的红的满屋都是，咱就别讲究了。

说完，自己把一小碗白酒干了。我说：“不算。”但还是给他弄了个“一碗双意”。

接下来，堂弟要给岳父端，岳父喝得有点多了，说：“不端了不端了，听说你小子酒量不错，咱划拳比一比。”

堂弟也有点喝多了，没大没小，比就比。“哥俩好啊，五魁首啊！”一听不对，差辈了！商量改成“爷俩好”，但怎么喊都觉着别扭。

岳父说：“还是喊‘哥俩好’吧，不过到了明天要改过来！”于是岳父和女婿喊了一晚上的“哥俩好”，大家都笑成了一团。最后爷俩醉成了一堆烂泥。

（三）

岁月不饶人。慢慢地，我也变成了“被端酒”的长辈。

我们这个家族，据说是由明清时搬迁过来的两兄弟发展起来的，到现在已经有好几百口人，还不算已经在外地成家立业的。但无论是天南海北还是本乡本土，“忠厚传家远，诗书继世长”的家风家训始终没变。

“忠厚传家远，诗书继世长”，是从苏轼所作的《三槐堂铭》所延伸出来的，被祖上拿来涵养子孙，说明祖上是崇德仁恕、知书明理之人。

在我们这一支中，父亲是老大。每每回到家中，老老少少便会挤满一屋子，有时候客厅里坐不下，母亲便会和我的婶子、弟媳们，到另外的房间聊天，或者张罗做饭的事。

我会泡上带来的最好的茶，在斟茶水的时候特别注意不要倒满。

叔叔大爷、哥哥弟弟们喝着茶。几个三四岁的孩子到处乱跑打闹，给糖也哄不住的。我见了，心里一点也不烦，倒觉得特别有趣，这是这个家族的未来。

等到母亲在婶子们的帮助下做好了饭，满满两桌子还坐不下，茶几上也摆上了饭菜碗筷，那是孩子们的专桌。没有那么矮的凳子，孩子们或站或跪或蹲，吃得津津有味。

“冠程，过来给你大爷端个酒！”四叔一声喊，我还纳闷，不知咋回事，四叔3岁多的小孙子叫冠程的，跌跌撞撞地跑到大桌来，嘴里还含着一嘴的肉，瞪大眼睛含糊不清地问：“给谁？”

“这是你大爷，端酒！”四叔指了指我，对他的孙子说。

大爷？哈哈，我这辈子光给人端酒了，这回当上了大爷！我开心地一饮而尽，心里一阵暖。

小冠程端完酒跑了，接着是三叔家的孙子小玖，二叔家的大顺，妹妹家的孩子阳阳、方舟，差不多大小的，依次照葫芦画瓢。

我醉眼蒙眬地想，他们的心里一定跟我小时候是一样的，不明白为什么端酒，反正觉得好玩。等到长大以后，就懂了，这叫尊老。

都说中国乃礼仪之邦，就这么一代代传下来的吧？

父亲喝到兴头上，说：“谁能想到当年我们土坷垃里捡食，到现在楼上楼下电灯、电话，这还不是共产主义社会吗？”

此时，我的头脑晕晕乎乎的，但还算清醒。我说：“还差得远呢。什么时候整个社会没有贪腐、没有不公、没有暴力、没有是是非非，都像这么和谐，那就是了！”

嗨，这酒一端，怎么一下子说到共产主义社会了？看来是想了。

年轻不是“作”的资本

32岁大龄青年小成与24岁的小彤在一次生日会相遇相恋，8岁的年龄差让小成倍加呵护女友。而她呢，本是大学毕业，想找一个工资高又轻松的工作，没找到，就整天窝在家里。她埋怨小成买不起房，瞧不上他，还变本加厉地折磨他，待在家里每天的工作不是上网淘宝就是逛街购物。小成不仅要帮女友还大额卡贷，下班回家还要做饭、打扫屋子，实在苦不堪言。

这是某卫视情感心理节目“爱情保卫战”所播的一期内容。这个节目的宗旨本是“保卫”男女恋爱中出现的情感危机，化解矛盾，延续美好，让有情人终成眷属，但主持人和嘉宾却罕见一致地评价该女子小彤“太作”，力劝小成赶紧跟她分手，找一个质朴的可以同甘共苦的一起生活。而小彤却不以为然，说这不叫“作”，她妈就是全职太太，她爸是司机，她妈一辈子没上班，“男人就是要养女人”。主持人反唇相讥道：“你们是恋爱关系，还是包养关系呢？”

“作”（读zuo，一声），在我们苏北老家的方言中常用，意指年纪轻轻的小伙子不干正事，偷鸡摸狗，好吃懒做，败坏门庭。现在的网络语境中，“作”则在很大程度上是一些没有经济能力却胡乱消费的女性的代名词，当然以无理取闹来寻开心的女性也在其列。“爱情保卫战”也播过这样的“奇葩女”。

节目中，男主提出要和臭脾气的女朋友分手。脾气臭到什么程度？男主讲，其实自己一开始还是能忍的，直到有一天父母邀请女主上家吃饭，悲剧才真正开始。

当时男主带女主上门前打了预防针：“我妈脾气不好，你到时候别计较。”女主嘴上答应好好的，结果等到男主老妈给她敬酒时，女主不干了，把头一梗，说：“有教养的女人是不喝酒的！”

大庭广众之下，女主扭头对男朋友做出了这样的解释：“我就是要让你妈见识见识，啥叫脾气更不好的……”

还有一次，男主没接女主打来的电话，见面时女主问男主：手机在哪儿？然后拿过来就摔了。男主质问女主生气干吗摔我手机时，女主的回答又一次引爆全场笑声：“我生气摔自己手机，我有病啊！”

女主还有家庭暴力倾向，一不高兴就对男主拳打脚踢。男主责怪她下手狠，说：“你不知道我有多疼。”女主却振振有词地说：“力的作用是相互的，你为什么不关心关心我的拳头疼不疼呢？”真是无理狡三分！主持人和现场心理专家对该女子嗤之以鼻。

对于初涉世事、对前途还一片迷茫的年轻人，我们常常会鼓励说，别怕，大胆往前走，即使跌倒了爬起来就是了，年轻嘛就是资本。但我更愿意把整个人一生的时间看作是一种能源，一种有限的能源，这资本不是用来“作”的，也是“作”不起的。就像上面提到的女子小彤，“妈妈是全职太太”，怎么样呢？不仅到头来“一辈子没上班”，还培养和影响出了一个好吃懒做、无所事事的女儿！

“年轻就是资本”，这句话本身是没有错的。一个人的生命是有限的，年龄的消耗就意味着生命的减少。与中老年人相比，年轻人最大的资本是时间。年轻人没有包袱，敢想、敢说、敢做、敢闯，善于接受新思想、新事物，所以创事业、出成绩的都在年轻这一代。年轻人包袱少、身体好、脑子好用，而且家庭和社会负担轻，有条件干一番事业。

我的读者群中，有许多优秀的男女青年，他们中，有的在做生意，有的在上班，有的是在校大学生。他们各行其是，各司其职，但有一个共同点就是有修养，追求和传递正能量。

比如一个名叫含月的读者，是一所南方大学的大一学生，在完成学业功课之外，最大的爱好就是读书、写东西，“夜深人静正是读书思考的好时光”是她的常态。她不仅让我推荐好书给她，还常发一些自己写的东西来请我给点评。她的微信朋友圈内，没有什么“今天不开森（心）”之类的消极图文，而都是一些正能量的好文。

当她近乎崇拜地问我怎么出了这么多作品时，我告诉她，长江后浪推前浪，你将来会做得更好，年轻就是资本。她说：“叔叔，我一定会用好我的资本，尽可能地少犯错误，少走弯路。”

与这个女孩差不多用功的，还有我的小姑姑的儿子和女儿。

小姑父50岁正当年时因病去世，留下了小姑和一双儿女，也就是我的表弟、表妹，一个叫焦宝，一个叫焦丽。

面对失去至亲的打击，小姑姑坚强地生活下去，找了一份临时工的工作，受母亲的影响，表弟、表妹也表现出超出常人的干劲，焦宝跟人合作开了一家快递公司，焦丽则开办了邳州县城第一家古装影楼“梵古摄影”，每天忙得饭都顾不上吃，但很开心快乐。

我想，他们这是用年轻的资本去创造更多的资本和价值，值得鼓励。前些天，表妹跟我说，影楼准备3月10号开业，请我帮助想一句50字以内的广告词。对于这样一个年轻人的请求，我欣然应允，马上帮她想了一句：“公主梦，女王梦，侠女梦，尽在梵古中国风摄影，请到梵古来一次穿越旅行！”

每个人的天性中可能多少都有些“作”的成分，偶尔“作”可给生活添情趣，但一直“作”下去，毛病的累积、错误的重复到一定的量，引发质变，就会无可救药，那么就等于“作死”了。相反，一点点善行的累积，最终会变成一个大有作为的人，古人的那一句“不以善小而不为，不以恶小而为之”，永远是立身做人的真理啊！

“年轻就是资本”，作为长者一句安慰的话，年轻人听听可以，但千万不能当成可以“作”的资本。作着作着，就老了，后悔就来不及了。

同学·故事中的道理，我得跟大家聊聊

Part 5

总体上说，同学没有好人坏人之分。你认为他好，他就是好的；你认为他坏，他就是坏的。好坏没有真正的定性，而且随着时间的推移，好的坏的都会朝着美的善的方向转化，让同学之间当年的沟壑慢慢填平，因为属于那个年代的人生命已过大半。这就是同学情意，靠近了掐，走远了想。

那些年，我们一起拾过的粪

生于20世纪六七十年代的农村孩子，一起拾粪的经历，就像现在的“骚年”追女孩一样再正常不过。

——题记

想写这个不雅的话题，源于最近高中同学群的一次聊天。也许到了知天命之年便意味着衰老的开始，特别容易怀旧，于是群里的活跃分子——炮中“四大金刚”之一的洪岩同学，便提起了少年时代每个农村孩子必做的事——拾粪，并且与一个叫吴演亮的同学一起编排了“六哥拾粪”的故事。

故事真真假假，六哥没有其人但有原型，他就是群里的另一个活跃分子——高锋，也是炮中“四大金刚”之一。在群里，洪岩、高锋围绕当年的拾粪经历讲得有声有色，不时相互调侃。两大金刚巅峰对决，群里人嘻嘻哈哈看热闹，分明拾的不是粪，而是一段美好且辛酸的少年记忆。

言归正传。啥是拾粪？为啥要拾粪？现在的年轻人一定不懂。那就听我说一说吧。

（一）粪友

那个年代，农村还没有大面积使用化肥，种庄稼基本上靠农家肥。所谓农家肥，就是人与畜的粪便，谁家的粪积得多，谁就不愁庄稼收成不好。因此，愿不愿意出去拾粪，会不会拾粪，不仅是庄稼种得好与坏的分水岭，还是分辨勤与懒的“pH”值。

当然，攒粪，靠自家的人排猪拉根本不够几亩地的庄稼用，于是大人小孩便起早贪黑地在村里背着粪箕子（拾粪用的筐）转悠，看看房前屋后、墙角路边，有没有谁家放养的猪、鸡、鸭、鹅还有狗什么的，随地拉的粪便。现在的人一定觉得太脏，而那时一堆金黄的粪便在拾粪人的眼里就如黄金一般，甚至比黄金还稀罕——黄金在地里只能发光，而粪便在地里却能肥田。

天齐村在原新沂县炮车公社的东南方向，洪岩和高锋都生活在这个村里，现在说法叫“发小”，那时叫“粪友”。两人七八岁年纪还没有粪箕子高时，就被家人打发出来拾粪了。农村嘛庄稼多，大人都忙田里的活，拾粪就得靠孩子。而且，大人为激发孩子的积极性，总会出台一些奖励规定，比如拾满了一筐，会奖励一块朝牌（一种在火炉里烤的饼，像古代大臣上朝时手里持的牌，故得名）；半筐呢，可能会奖励一块烤地瓜。在物质极端匮乏的年代，这种奖励极富诱惑力。

然而，调皮贪玩的洪岩每每与这种奖励无缘。他拾粪的时候，不是与小伙伴弹琉子（玻璃球），就是呼元宝（一种纸叠的元宝状卡片），还有打拉梅（一种两头削尖的木棒玩具），总之哪里热闹往哪钻，拾的粪盖不住筐底。而高锋呢，总是往没人的地方去，他知道没人的地方是牲畜粪便的集散地，每次总能拾到满满的一筐，实在背不动，还得喊家里大人来帮忙抬。

努力不努力，结局肯定不一样，所以当洪岩看到高锋拿着朝牌来找他玩时，被大人饱揍一顿还没擦干眼泪的他，可怜巴巴地对高锋说："高锋哥，分一点呗。"高锋比洪岩大三个月，懂事早，便撕下一小溜给他，他几口便吞没了，然后又盯着高锋。高锋赶紧几口塞下肚去，两手一摊说："你看，没了没了！"

不过，机灵鬼洪岩面临的这种窘境，在他的"粪"起直追之下，不久发生了改变。

（二）偷粪

同样是拾粪，差距咋这么大呢！再拾不满一筐，你就别回家来！面对父亲母亲的斥责，洪岩有点害怕，更多的是生气！生谁的气？当然是生“粪友”高锋的气。在他尚幼稚的认识里，是高锋抢了他的饭碗，把粪都捡光了，让他无粪可捡。怎么办？聪明总用不到正道的洪岩眼珠子一转，有了主意。

这天傍晚，玩够了的洪岩挎着空空如也的粪箕子尾随高锋回家。高锋到了家门口，喊一声：“俺大（土话对‘父亲’的称呼）俺娘我回来了。”正做饭的高锋娘扎着围裙出来了，把湿手往围裙上蹭蹭，赶紧接过粪箕子，边往粪堆里倒，边夸奖说：“俺峰儿就是能，今天又捡这么多，来，给你一毛钱，买朝牌吃去！”高锋接过钱，蹦蹦跳跳地就往卖朝牌的二蛋家跑。

躲在粪堆那一边的洪岩，一听朝牌使劲咽了一下口水，但眼前的臭味又熏得他差点吐了。看见高锋娘进了家门，他赶紧跑到高锋刚才倒的粪堆前，三下五除二都给铲到自己筐里，拖着往家跑。

第一次“拾”这么多粪回家，洪岩的父母看了很高兴：看来棍棒底下不光出孝子，还出大粪啊！洪岩娘忙不迭地从口袋里翻出两毛钱，说：“买朝牌去吧，多买一块给高锋那孩子，别整天吃人家的，丢人不？！”

洪岩一阵窃喜，抢过钱飞也似的跑了。那晚，他把两块朝牌全部塞进了自己肚里，朝牌干，又没菜就着吃，咽得直翻白眼。好在二蛋家有口大水缸，他头一伸就是一阵猛喝，然后拍拍肚子，打着嗝，又跑去找孩子们捉迷藏去了。

一连几天，洪岩都是故伎重演，每天不是父亲给钱就是母亲给钱，奖励他，让他吃上又香又软的朝牌。

（三）露馅

然而，好景不长。无意之中，洪岩的秘密被发现了。

这天晚上，洪岩拿了一毛钱买了一块朝牌后，不知道哪根筋出了毛病，嘚瑟一路到了高锋家门口，扯着嗓子喊：“高锋哥，高锋出来玩藏猫猫喽。”高锋正啃着烤地瓜，跑出来一看愣住了：“洪岩居然吃上了朝牌！这家伙居然也吃上了朝牌！”

洪岩一看高锋盯着自己的朝牌看，故意小口小口地咬，边嚼边说：“俺也有了奖励，怎弄香的憨（土话‘真香啊’），要不给你来一小溜？”高锋还在发愣，洪岩说：“你不吃，那我可吃光了。”于是两三下往嘴里一塞，鼓着腮帮子学着高锋的口气嗡嗡地说：“你看，没了没了！”见高锋还没反应，很无趣地说：“没意思，不玩，走了！”

其实高锋发愣，不是馋洪岩的朝牌，而是一直搞不明白，明明放学后就看见他把粪箕子扔在一边，撅屁股与一帮孩子在弹琉子，天快黑了才回，怎么能有朝牌奖励呢！高锋挠着头想着，一眼瞥到自家门旁的大粪堆，哎呀，自己刚才倒的那一小堆没了！

高锋赶紧跑过去，发现有稀稀拉拉的粪渣一直向远处延伸，循着印迹，一直找到了洪岩家门口！天呐，洪岩居然偷了我捡的粪换奖励！

要说孩子就是孩子，高锋再懂事，也藏不住事，咽不下这口气，连门都没敲，一头闯进洪岩家里，哭着喊着："俺叔俺婶，洪岩偷俺的粪，恁（土话'你们'的意思）还管不管啦！"

洪岩的父母愣住了，连忙过来抚着高锋的头说："小峰啊，你咋知道洪岩偷你的粪啦？说话得有证据啊！"高锋说："我明明看见洪岩跟人家弹琉子弹一下午，根本没去拾粪，俺家的粪少了，顺着粪渣找到了恁家，还不是他偷的？！"

洪岩父亲还想说什么，这时洪岩可能是没找到人玩，一唱一跳地进了家门。洪岩父亲大吼一声："洪岩，你小子给我过来！"洪岩抬头看见高锋在自己家里哭喊，自知事情败露，连忙掉头就跑，眨眼无影无踪了！

洪岩这一跑，证实了他偷粪的事。父母气得直哆嗦，可怜的洪岩娘牵着高锋的小手，先来到二蛋家，一下子买了5块朝牌塞给高锋抱着，把高锋送回，一个劲地给高锋父母赔不是。高锋父母听完了洪岩娘的唠叨，笑了，说：“俺心猜想多大的事呢，不就是一堆粪的事嘛，高锋你这孩子这么闹，我们往后还能不能跟你叔婶处了？”

高锋父亲说着，脱了鞋拉过高锋作要揍状，洪岩娘赶紧拦住说：“要打打洪岩，咋还打起高锋来了？”

“偷粪事件”虽然没影响到洪岩、高锋两家的关系，但洪岩还是没躲过父亲的一阵痛揍。不过，洪岩尽管声嘶力竭地嚎叫，就是没一滴眼泪。原来他娘知道他少不了要挨揍的，就偷偷拿了一块铁板塞到他棉裤里，护在腚上，他父亲脱了鞋把他按倒在地，照着屁股使劲地揍，呼哧呼哧的，洪岩一点也不觉得疼，嘴上还得装作疼得受不了地喊叫，满庄的人都听见了……

那晚，洪岩睡得很踏实，可高锋一家听那撕心裂肺的叫喊，都没有睡好。特别是高锋，不知道怎么的，洪岩嚎一声，他的心就紧一下，还突然对洪岩产生了深深的愧疚感，好像偷粪的不是洪岩而是他自己。第二天一早，他特意跑到洪岩家喊他一起去上学，等洪岩出来时，他从棉袄里面贴身的地方掏出一块朝牌，塞给洪岩，说：“趁热乎，抓紧吃。”洪岩高兴地接过来说：“还真热乎！”

是的，那朝牌一直在高锋哥哥的怀里捂着，满满的都是高锋的体温，能不热乎吗？

（四）“骚年”

转眼上了初中，农村开始用上了化肥，拾粪的少了。洪岩和高锋都蹿成了大个儿，家里也不好意思让他们拾粪了，怕影响他们将来说媳妇。

可洪岩和高锋还是把拾粪当成乐趣，因为这样可以有理由到处转悠，甚至拾到别的村上，看漂亮的小大姐（土话“没结婚的姑娘”），这是他们上小学时拾粪从不敢涉足的地方，不仅怕狗咬，还怕被“地方粪便保护主义者”揍。而青春期的“骚年”总会有些说不清的萌动，胆子也变大了，眼睛也变贼了。

于是，哪个庄的小大姐长得俊，哪个庄有一对双胞胎姐妹，哪个庄的哪个小大姐是个六叶子（土话“说话不着调的人”），他俩都门清。两人甚至还分别一厢情愿地私“订”了终身，说长大后一定娶哪个哪个，你不许跟我争。

然而，直到发生了一件事，让两个拾粪的“骚年”戛然止步。

那是初二那年的暑假，高锋和洪岩没事相约挎着粪箕子来到邻边的巩口村，两人边走边四处撒么（土话“张望”）。“高锋哥快看，那路边大树下有几个小大姐，怎弄漂亮的憨！”洪岩眼尖，拉了一下高锋。高锋说：“你用情能专一点不？前几天你不是刚看上了董场村一个小大姐吗？”

洪岩嘿嘿一笑说：“爱美之心，人皆有之，多多益善，多多益善！”正说着，那几个小大姐看见有俩帅小伙走过来，眼睛也都齐刷刷地瞅过来。离有五六步的光景，高锋有点不好意思，不敢往前走了。洪岩低声说：“没出息，看我来露一手！”

正好左前方有一坨狗屎，像是新拉的，似乎还冒着热气儿。洪岩一本正经地像是在教育高锋说：“拾粪积肥，怎么能嫌丢人？拾粪也是个技术活，连粪都拾不好，将来什么也干不了！”

说着，洪岩就冲那坨狗屎去了，嘴里还大声叫着：“高锋哥，你过来，我教给你动作要领。”洪岩拿眼一瞥，几个小大姐的目光果然全被他吸引过来了。他窃喜，气定神闲地来到狗粪前，昂首挺胸、斜视、下粪耙子、拧腕、抖手系列动作一气呵成，只见空中飘过一道漂亮的金黄色弧线。洪岩享受般地闭上了眼睛。

“哇！”洪岩分明听到了小大姐们的赞美声，是的，那潇洒的动作怎么能不赢得姑娘的芳心！俗话说，“行行出状元”，我洪岩虽然学习上抵不过高锋，但是……他还没有来得及想完，突然怔住了——好像一堆热乎乎的东西直接命中了他的天灵盖。睁眼一看，哪里还有小大姐的身影，只有高锋在冲着他乐。

原来，他太想表现，太过激动，粪耙子柄被粪箕梁挡了一下，力道不够了，狗屎没有飞进筐里，直直地落在他的头上，小大姐全被恶心跑了！

常言道，常在江湖漂，哪有不挨刀！这下真的糗大了！

洪岩和高锋从此退出拾粪江湖。

（五）后记

一晃快40年过去了。

这期间，洪岩高中毕业后当了兵，上了军校，当了军官，后来转业在北方的一座美丽的滨海城市工作。

所待的地方一变再变，个人身份也一变再变，唯有他那拾粪的情结始终没变。城里没有了农村散养的猪狗鸡鸭，但偶尔还有一些不自觉的主人让宠物狗随地大小便。每每碰到，洪岩总是饶有兴趣地蹲下身来，用树枝或手纸捏了粪便，扔到树林或者花丛中，算是为花木施了肥，也为城市的环境清洁尽了点心。

高锋凭着拾粪练就的强壮体格，考上了体校，后来在小城新沂的一所中专学校任职。每年三四月份的中考和高考前夕，高锋都要到中学提前招生。宣讲台上，他完全没有了孩提时代的腼腆，充满感情地给学生们大吹特吹："同学们，不一定只有清华北大才出人才，在我的眼里你们都是那一坨坨的金黄色粪疙瘩，我就是拾粪的，我要将你们拾到我们学校的粪箕里，学习一技之长，再将你们撒向大地孕育万物，发挥才能。”

这比喻虽不恰当，但话糙理不糙，太接地气啦！全场开始鸦雀无声，继而掌声雷动。一些自认为中考、高考前景渺茫的学生，纷纷跃跃欲试，争相报名，成为高锋的“粪疙瘩”，不，应该是“香饽饽”！

随着农村城镇化，地越来越少，加上化肥的足量供用，拾粪已经在乡下绝迹。偶尔在谁家的墙角旮旯里，还能看到粪箕子、粪耙子，但已成为一种登不了大雅之堂的“非物质文化遗产”。

洪岩和高锋两家的老人都已经老了，但邻居的情谊随着岁月的增长日渐浓厚。没事的时候，他们会一起坐到门前太阳下，回忆着两个孩子的故事，相互问：“你家的孩子多久没回来了？”感叹两个拾粪的孩子居然也能有今天，真是应了那句老话“吃得苦中苦，能成人上人”。

洪岩每次回到小城，与同学聚会，拾粪是永恒的话题。昨晚，正在写这篇文章的当口，又看见洪岩和高锋在群里相互打趣，说那时拾粪的日子，经常有狗屎沾到脚上，便使劲地往墙上蹭，其实现在想起来就是“发粪涂墙”（发奋图强）啊！

同学们瞬时刷上了很多的笑脸表情。是的，如果不甘于身处社会的最底层，不发奋图强，怎么能翻身呢？

一九八七，炮中那些事儿——小社的故事

小社小时候不知怎么弄的，脑子坏了，成了傻子，二三十岁的人，成天光着膀子在电影院门口溜达，逢人便喃喃地说，今晚没电影，今晚没电影。就像祥林嫂老说她儿子在门口正剥毛豆呢，怎么不见了。

电影院是1985年建的，是老街上唯一的高大上建筑和娱乐场所，放映的第一场电影叫《画皮》，蒲松龄写的那个鬼故事，除了木椅子上坐的，还有地上蹲的、过道里站的，肩膀上骑的，人多得差点把电影院顶上爆棚。那个年代的娱乐生活有多匮乏可想而知。

电影票最开始才5分钱一张，现在5分钱你扔在地上都没人捡，那个时候5分钱正经在学校食堂里可以买一份四季豆炒肉。就因为钱值钱，洪岩和高锋连这5分钱都不想花，看《画皮》的时候，两人就买一张票，洪岩先拿票去检，看门的给撕去一角，放行了。然后洪岩从边上一个小门缝偷偷把票塞给门外的

高锋，高锋捏着被撕去一角的那边，大大方方地伸给看门的，看门的撕一下——放行！

这两个炮中的学生，学习成绩不咋地，但这方面就是有天赋，你不服不行！

不过，他两人连花5分钱看场电影，觉得还是亏。直到有一天他们认识了小社，终于看电影不用花钱了。

小社有个爱好，就是捡地上的烟头吸。洪岩和高锋每次放学路过电影院门口时，都能看到小社哈着腰捡烟头，然后美美地吸。两人都是农家孩子，心善，就在来回路上捡烟头送小社，一捡一大把，小社很开心，冲他俩嘿嘿地傻笑："今晚没电影，今晚没电影。"

送人烟头，手留余香。洪岩和高锋这两高中生就这样来回捡烟头，反正也是举手之劳，没事逗着小社乐呗。

要说付出总会有回报，这句话真不假。

高二上半年，电影院放映第一部国产武打片《少林寺》，那可是轰动一时！电影票涨到5毛钱一张，对洪岩和高锋这两个学生来说那是看不起了。两人中午放学时走到电影院门口，照例把烟头塞给小社，然后盯着海报直瞅不走，好像海报就是电影似的。电影院门口人声鼎沸，有刚出来的，有刚进去的，话题全是李连杰的功夫开眼过瘾。两人更是百爪挠心。

这时小社凑到他俩跟前，嘿嘿笑着，嗡嗡地说："想看电影不？想看电影不？”

两人乜着眼看小社，不说话，又盯海报看。小社没再说话，一手牵一个把两人直接拽到电影院检票口，对着把门检票的老头嗡嗡地说了句什么，老头抬手说：“进去吧！”小社把两人往里一推，自己出来了。

洪岩和高锋这时简直跟做梦一样：天哪！我们俩穷学生居然能看上《少林寺》了，看上《少林寺》了，看上《少林寺》了！不住地说，就像小社反复说那句话。不过他俩不是傻，是激动的！好在高锋还有些冷静，突然一激灵说：“不好，下午还有课呢。”洪岩满不在乎地说：“课什么课，能看上《少林寺》，罚我站一个下午都行！”

从那以后，两人给小社捡烟头更勤快了，而且带了明显的功利色彩，一碰到有好电影，就跟小社特别的热乎。小社虽然傻，但谁对他好他还能拎得清，所以常常不用洪岩和高锋说，小社就会把他两人送进去。慢慢地，洪岩和高锋也知道了，小社因为傻，别人都让着他三分，就像那句老话说的“硬的怕愣的，愣的怕不要命的”，小社既愣又不要命，谁不怕？

差不多又过了半年，有一天洪岩和高锋路过电影院时发觉小社已不在那了。“可能是有什么事吧。”两人这样想着，又过了几日还是不见，洪岩和高锋心里空落落的，捡了许多的烟头后来都扔了。

“小社去哪儿啦？”小社虽是傻子，两人还真惦记着。

不久，电影《少林小子》放映了，又是人山人海，那场景把洪岩和高锋的魂都勾走了。

小社不在，这电影怎么看？这电影怎么看？这电影怎么看？两人在电影院海报前来回走，挖空心思地琢磨。

“有了！”平日鬼点子比高锋更胜一筹的洪岩，跟高锋耳语了一番，高锋瞪大了眼睛问：“这样行吗？”洪岩蛮有把握地说：“应该没什么问题，走！”两人就朝入口一起走去。

“站住，票！”把门老头面无表情地问。

洪岩嬉皮笑脸地说：“大爷，不认识我啦？”老头还是面无表情摇摇头。

洪岩说：“你想想，我们跟小社常来的。”

老头眼睛盯着洪岩问：“小社？哪个小社？”

洪岩说：“大门口光膀子捡烟头的那个，那个……”

老头说：“你们什么关系？”

洪岩说：“我是他表哥！”

老头说：“滚！小社都快30了，你一个十六七岁的学生，还是他表哥？！快滚！”

洪岩悔得肠子都青啦：唉，说什么不好，干吗说是他表哥呢，小社虽然傻，但也不能太小看人家了吧？悻悻地站到了一旁。

“你，票！”老头对着高锋不想啰唆，嘣出了两个字。

“大爷，我是小社亲小叔。年龄没他大，可辈分在这。”高锋一本正经地说。

老头问：“你姓啥？”

高锋说：“大爷，俺免贵姓高。”

老头说：“滚！小社姓王，怎么出来个姓高的亲叔，你骗鬼呐！还免贵！”

高锋耸耸肩，冲一旁的洪岩无奈地一笑说：“看来干什么都得先把功课做好啊，不知道小社姓啥，不清楚人家年龄，就使冒称亲戚这一办法，亏你想得出来！”

洪岩也无奈地傻笑，唉，失算失算。

两人转身要走，老头在身后喊了一嗓子：“小青年，跟你们说吧，小社掉河里淹死了。你们是学生，要好好学习，别成天惦记看电影！”

……

两人怔怔地站在那里，一动不动。洪岩喃喃自语：“怎么一个大活人，说淹死就淹死了呢？怎么一个大活人，说淹死就淹死了呢？怎么一个大活人，说淹死就淹死了呢？”

高锋表情一直很严肃，像是在努力控制着什么。

后来，两人凑了四毛七分钱，买了一包当时最贵的“大前门”香烟，撕开来，在电影院的大门口一侧，把20支烟一一点上，齐齐地摆开，双手合十，口中念念有词，然后一言不发地转身离去了。

人真是奇怪的感情动物。即使是傻子小社，也懂得感恩；即使是两个少不更事的小青年，也会为一个曾在最困难的时候给他们带来一丁点儿快乐的傻子，动上不轻易付出的真情。

这份真情，不是逛裁缝铺没话找话的瞎聊，也不是男女同学之间的那种嘻嘻哈哈打情骂俏。

这份情，是埋在心底的，不动声色的。

一九八七，炮中那些事儿——喇叭裤的故事

（一）

要说洪岩与裁缝铺结缘，跟三浦友和有关，你一定不信。且听我慢慢道来。

20世纪80年代，日本电视连续剧《血疑》是千家万户必看的偶像剧。在这个黑白电视时代最动人的爱情故事里，三浦友和穿着喇叭裤迷倒了中国青少年，大家争相效仿。

仿佛一夜之间，苏北小镇炮车街上多了许多裁缝铺，个个打出时尚的招牌，家家贴出三浦友和的海报。也难怪，那个时候，你如果不会剪裁喇叭裤，你都不好意思说自己是裁缝，在这条东西长约一里路的老街上也根本混不下去。

当然，在街东头的炮车中学，如果你没穿喇叭裤，你走路都不好意思抬头，更不敢跟从县城来的一帮女生混。那帮女生，个个长得细皮嫩肉，模样怪俊还有高贵气质，像朵花，边上总有男生跟蜜蜂似的围着，赶都赶不走。

这样的场合，当然少不了洪岩。

但有一件事对洪岩刺激很大。一天晚上自习前，洪岩一个人在操场溜达，同班的两个县城女生在前头走，那腰肢、那长发真是动人心魄。洪岩紧走几步上前打了招呼，其中一个女同学夸张地盯着洪岩打量了半天，故作惊讶地跟身边的女伴说：“你看洪同学长得像不像三浦友和？”女伴也很配合说：“像，真像，你瞧瞧这一米八的个头，瞧瞧这有棱有角的脸型，像极了！”第一个女同学又说：“不过，如果洪同学要穿个喇叭裤就有三浦友和的味道了，你现在这身打扮，穿个皱巴巴的中山装，脖子下第一粒扣子还扣得板板正正，充其量是个农民版的三浦友和。”

到底是夸我呢，还是损我呢？洪岩愣愣地站着，一点尴尬的笑还僵在了脸上，眼睛一眨不眨地目送着两位女同学不紧不慢地牵手远去。

“干啥呢？杵在这里跟个电线杆子似的！”有人突然拍洪岩肩膀，他吓了一跳，回头一看，是高锋。高锋体育好，准备考体校，每天晚上穿着裤衩背心在操场苦练。

洪岩就把刚才的事一五一十跟好哥们高锋说了，高锋说：“好办，上裁缝铺啊。”见洪岩还不明白，高锋指着他的裤子说，“花几毛钱把你的裤子改成喇叭筒不就行了嘛。”

那晚，洪岩让高锋替他跟班主任孙老师请假，就说头疼不上自习了，一个人溜达去了街上。

（二）

洪岩回来时，宿舍已经熄灯，他摸摸索索坐到自己铺上，高锋一下把灯拉亮了，张口就说：“来，我看看改得怎么样。”洪岩抬起腿，懊恼地说：“什么改得怎么样，就你的馊主意让我又丢了一回人。”同宿舍的震亭、小星、阿坤也都没睡，起来跟着掺和问：“咋啦咋啦？”

洪岩说：“人家裁缝铺的小娥说，你这黄军裤本来是上肥下窄，怎么也改不成喇叭裤。我在那里软磨硬泡，小娥是左量右量，最后还是直摇头，说没办法。”

“唉唉唉，小娥长啥样？”震亭突然来了兴致神秘地问。

“滚一边去震亭！我们这正说裤子呢，你扯什么小娥？”高锋回头训了一句，震亭赶忙缩进被窝里不吭声了。

“那怎么办？”大家把脸都转向高锋。高锋是班长，又在几个人当中是大哥，什么事都他拿主意，一言九鼎的。高锋说：“那还能怎么办，干脆做一条呗，爱美嘛，总是要付出代价的。”

震亭这时又冒出个脑袋说：“你知道洪岩跟我似的家里穷得叮当响，还提什么做裤子？你真是哪壶不开单提哪壶。”

小星接过话头说：“洪哥比你家强多了，比你也强多了。

人家身材好，一直引领我们班的衣着潮流，流行蝙蝠衫他先穿的，流行碎花格子衬衫也是他先穿的，流行黄军裤他现在都没脱，如今流行喇叭裤学校还没几个穿的，就文科班的那个瘦不拉叽的阿成得瑟穿了，在女同学面前显摆，我就看不顺眼，咱洪哥必须穿给咱班长脸！”

一听这话，洪岩把蓝咔叽中山黄军裤脱下，扔到一边说：“睡觉睡觉！”

一直没说话的阿坤这时开了口，说：“我有办法让洪岩实现梦想。”小星顿时来了精神催促说：“什么办法快说来听听！”

大家都把脑袋凑向阿坤，听完了阿坤的办法，都瞪大了眼，怀疑地问：“行吗？”阿坤说：“没事，为了兄弟，为了咱理科班能出个三浦友和，豁出去了！”洪岩睁大眼望着阿坤，眼泪都快下来了，“好兄弟，等我有朝一日发了财，给你做一百条喇叭裤，天天换不重样。”

（三）

“小娥，做条喇叭裤！”一个星期天的晚上，洪岩拿块黑的卡布料往“小娥裁缝铺”的小裁缝小娥脸前一放，边上跟来的震亭眼睛直勾勾盯着小娥看，“还真怪俊的！”

这晚，洪岩、震亭同时“感冒”请假没上自习。

小娥脖子上搭了个皮尺，笑眯眯地迎上来，“我先给你量量。”取下皮尺从头到脚，从胸到屁股，边量边记，不一会儿工夫就好了，又问：“喇叭裤腿要多大的？”没等洪岩说话，震亭抢着说：“有多大就做多大。”洪岩瞥了他一眼说：“差不多就行，也别太夸张。”震亭边玩着台板上的粉笔，边装作不经意地问：“小娥你今年多大？”小娥埋头干着手里的活，说：“我今年23啦。”“你就瞎说，你哪像23的人，你最多也就22。”小娥笑了，说：“你这个小青年眼光怪好使啊，差一岁都能看得出来？”洪岩看不下去，一把拽住震亭说：“没什么事了吧，咱走。”震亭被洪岩拉着往外走，边走还边回头说：“小娥，哪天我也找你做裤子啊。”小娥说：“好啊，欢迎欢迎，多来给我捧场。”

晚自习还没下课，俩人又漫无目的在街上转悠了一阵，打了几把台球，街上冷清了没什么人了，两人才直接回到宿舍。高锋、小星、阿坤早已等着问明情况。洪岩打了个响指，说：“妥了，星期三取裤子。”震亭在一边眉飞色舞地说：“那小娥我真见识了，大美女一个，才23岁。”高锋说：“都23了，你还想干什么？”震亭说：“农村有句老话讲，女大三抱金砖，娶了她有福！”小星说：“震亭你数学是体育老师教的？人家23，你才十六七，只比你大3岁吗？”高锋斜眼看了一下小星。小星连忙吐舌头说：“不好意思班长，我忘了你是要考体校的。”

洪岩说："大家别闹了，这事吧还是谢谢阿坤，阿坤你睛好了，我赶明儿发了一定不会忘记你！"

（四）

好不容易熬到了星期三，洪岩连晚饭都没顾上吃，就直奔裁缝铺取裤子，震亭照例跟着，不过他的目的是看小娥。

小娥见他们来了，笑眯眯地从衣架上挑出洪岩的那条，让洪岩在挡布后面脱了衣服换上。当洪岩穿着喇叭裤从里面出来，震亭不禁惊呼："哇！三浦友和！"洪岩来回走了几步喜滋滋地说："合身合身。"从上衣口袋里摸5块钱要给手工费钱，小娥说："洪哥，手工钱就算了，你赶明儿多介绍几个顾客来就行。"洪岩说："好好好。"刚想把钱揣兜里，震亭一把夺过来说："那哪行，你这做衣服挣钱也不容易，该给还是要给。"洪岩狠狠地瞪了震亭一眼，说："是的是的，该给该给。"然后又小声对震亭说："你真拿人家当媳妇了是吧。"震亭做了个鬼脸，笑而不语。

一切收拾停当，洪岩拎着装旧裤子的塑料袋，两人忙往学校赶去上自习。走到学校门口，看大门的老头正在拼命拉着绳敲钟，看到洪岩这身打扮，老头都忘了拉绳了，盯着洪岩的裤腿看。震亭白了他一眼说："看什么看，没见过三浦友和啊。"老头摇摇头，叹口气，继续拉绳，"当当当！"那声音在洪岩看来就好像配合他，告诉大家有个帅哥回来了！

两人从后门刚蹿进教室，只见同学们眼睛齐刷刷地扫向他俩，前边，班主任孙老师在那里威严地站着，身边站着一个不熟悉的青年汉子，面无表情。阿坤也在另一边站着，低着头不说话。

“洪岩，站到前边来！”孙老师声音不大，但透着严厉。洪岩莫名其妙地走上去，边走还边小声地问两边的同学，“怎么了这是？我犯啥错误啦，没耽误上自习啊！”同学都瞅着他那拉风的喇叭裤腿偷偷地笑。

“洪岩，你非要做条喇叭裤，给咱教室拖地吗？”孙老师望着他的喇叭裤说。

洪岩涨红了脸，面向大家站着，嘟囔着说：“爱美之心人皆有之嘛。谁也没规定学生不能穿喇叭裤。”

孙老师说：“是没规定说学生不能穿喇叭裤，问题是，你这裤子是哪来的。”

洪岩也不隐瞒，说：“朋友送的布料。”

孙老师说：“阿坤送的吧？问题是这布料是阿坤偷他哥的布料，他哥本用来传起的布料，给你做喇叭裤了。传起你懂吧，就是人家哥哥好不容易找个媳妇，要往女方家送的东西，那块布料是给人家老丈人的！”

洪岩的脸青一块紫一块，恨不得找个老鼠洞钻进去。

边上的那个陌生的黑脸汉子一看这阵势，脸也不绷了，说：“算了，算了，知道怎么回事就行了。不过话说回来，我这阿坤弟弟也算讲义气，你们同学好好处吧。”

孙老师说：“不行，这得赔，不能让你赔了夫人又折条裤子。”说着从口袋里摸出3张10元的票子，塞到阿坤哥哥的手里，说：“我知道这小子也赔不起，我先给垫着，30块够吧。”阿坤哥哥死活不要，孙老师硬塞进他口袋里把他往外推，送到门口，转头进教室时，学生们爆发了一阵雷鸣般的掌声。

孙老师把双手向下按，示意大家停止鼓掌，然后转头对洪岩说：“这30块，我也不让你小子还，我要让你欠我一辈子，记住今天这个事，好好读书，将来想怎么美就怎么美！”

孙老师又转向全体同学说：“大家都爱美，这没有什么不好，但不是什么样的美都是适合学生的，爱美也要根据自己的条件来，根据自己的身份来，农村来的学生就应该是农村的样子，越过了界限就是不伦不类。再说了，流行只是一阵子，而学好知识是一辈子的事，你们要给我长脸就用心读书，别比穿着打扮，将来你们会懂我的话……”

洪岩，这个一向嬉皮笑脸、什么都不在乎的学生，那天晚上第一次流泪。从那之后，就再也没看见他穿过那条喇叭裤，依然还是那个“农村版的三浦友和”。

据说，高三（2）班的学生后来都很给孙老师长脸，一个个都心想事成。震亭与小娥结婚了。班长上了体校，小星当了警察，阿坤也成为一名教师，用孙老师的话教育学生……大家差不多都在城里工作，孙老师走到哪里都有酒喝。农村版的“三浦友和”洪岩上了军校，那条喇叭裤还一直带在身边，从青岛到广州到舟山到大连，都在箱底压着。他后来在一次同学聚会时说：“那条裤子之所以没舍得扔，是因为我觉得那块布料里，缝进了太多太多说不清的东西……”

一九八七，炮中那些事儿——新疆来信

这个故事绝对是一场恶作剧。我是编剧，阿军是导演，震亭是剧务，阿然是赞助商。男一号阿隆，女一号元芳。

（一）

炮中到高三时又分了一次班，原来一起瞎闹腾的洪岩、高锋几个人在2班，位置在一进校门的路东旁；上面所说的“剧组”人员及男女主角在3班，在路西旁。两个班隔路相望，常上演好戏。

好哥们儿分班分开了，阿隆没怎么显得沮丧，倒是从新疆来炮中读高中的女同学元芳，高三没上几天就重回新疆了，让阿隆好生失落！江苏教学质量高，元芳像不少西部地区来的学生一样读到高三，然后回原籍考，差不多都能上个好大学。

阿隆脸黑牙白，还一脸粉刺疙瘩，以及粉刺挤完后留下的疤疤点点，走路一扭一扭，说话鬼眼六叽，常不招人待见。但他心眼好，会照相，成天挎着个120相机晃荡，热心地为同学拍照，拍完了在外面借住的小房子里摸黑冲洗，用暖瓶木塞上包的那层白铁皮上光。照片质量一般，但好歹留了个影像。

元芳与阿隆本没有什么交集，只是高三开学时元芳不经意地跟阿隆说过一句话："大照相师，什么时候给我照一张呗！"阿隆说："好啊，今天中午就照。"阿隆表面上不动声色，但内心里翻江倒海，啊，机会终于来了！那时候，元芳本人还有我们根本就不知道，他原来暗恋元芳已经好长时间！

可是，好景不长，阿隆的照片还没有来得及洗出来，元芳便毫无征兆地回了新疆。那一阵子，阿隆像霜打的茄子彻底蔫了。有一天晚上，我们看他自习课上偷偷对着元芳的照片发呆，才明白是怎么一回事。元芳这同学不高不矮，不俊不丑，身材跟她的姓一样，眼睛也是，不怎么说话，但声音十分温柔。大概就是这些吸引了阿隆。

离高考的日子一天天近了，阿隆每天仍是情绪低落，相也不怎么照了，也不怎么跟我们一起玩了，一个人在操场上溜达，常常仰天长叹。这样的状态怎么能行？阿军说："作为兄弟，咱们绝不能坐视不管，得帮帮他。"

但是，单相思的事，阿隆没有说开，我们也不好意思捅破，怎么帮呢？这真是一个问题。

（二）

机会终于来了。有一天，我到教导处门前墙壁上挂着的信袋子里，看看有没有哪家报社或者杂志给我投稿回信的时候，突然发现有一封从新疆石河子中学寄给我们班小凤同学的信，落款正是元芳。小凤跟元芳是闺蜜，走了之后当然要来封信叙叙旧。我替小凤取了信，交给了她，还把这事在当晚宿舍的“卧谈会”上随便地聊起。说者无心，听者有意。阿军说：“妥了，我知道怎么帮阿隆了！”

大家都把脑袋直起来，听阿军说。

“元芳能给小凤来信，也能给阿隆来信啊。”阿军说。

“怎么可能？元芳根本对阿隆就没那意思。”震亭不以为然。

“我们让元芳对阿隆有意思不就得了，伪造元芳给阿隆来信。”阿军一五一十地说了自己的计划，大家感觉也没什么别的好办法，这个办法虽然损点，但只要能让阿隆情绪好起来，好好学习，冲刺高考，也只能取此下策了。

当晚作了分工，由我来模仿元芳的字迹写信，经济实力好一点的阿然负责购买邮票信封，震亭就跑跑腿。

第二天，阿然将信封信纸马上买来了。我努力回忆着元芳给小凤来信的信封样子，将邮票贴在右上角的“贴邮票处”，然后用墨水瓶盖蘸着少量墨水在邮票的左下角轻轻盖了一个圆圈，用钢笔故意不怎么清楚地写上“新疆石河子邮电局”楷体字样，最关键的邮戳就做好了。再用一般女生那种特有的瘦长字体写了地址及收信人阿隆，以及寄件人地址，但故意没写寄信人姓名。因为我揣摩，一个女生贸然给一个男生来信，一定不会在信封上写上姓名让人家知道是谁寄的。

做好了信封，我拿给他们几个看，因为做得太像，震亭一时没反应过来，惊呼：“乖乖，元芳还真给阿隆来信啦？！”当他知道是我制作的时，嘿嘿一笑说：“阿宝你小子将来不当艺术家我就不是人！”

当晚我利用自习时间，模仿元芳的口气认认真真地给阿隆写了一封信——

阿隆同学：

你好！离开炮中已经有一个多月了，请原谅我的不辞而别。虽然平时我们很少讲话，但我很崇拜你的气质才华，特别是你热心给同学们照相服务，很让我感动。我们尽管远隔千山万水，可时常会想起同学们，想起你，很想念大家！

阿隆同学，高考的日子一天天临近了，希望你我都能心无旁骛地投入复习，将友情埋在心底。你给我照的照片，还没给我，我就走了。你不要寄给我，等高考结束后我有机会回江苏，请你当面给我。记住：我们一起努力加油，不要分心，冲刺高考！等待你的好消息！

此致

敬礼！

同学：元芳

X月X日

这封信当晚在宿舍由震亭朗诵，大家听完都说绝了，写得不长，分寸拿捏得很好，有鼓励，不暧昧，绝对能让阿隆开心又能静心了。阿军说，明天一早放信袋里，中午我们约阿隆一起装作陪阿宝去看有没有编辑部来信，然后顺理成章，水到渠成。末了他叹了口气说，阿隆啊，我们只能帮你帮到这儿了，你能不能不再单相思就看你的造化了。

（三）

事情就像我们设计的那样顺利。中午，当我在信袋东翻西找，然后终于为翻出一家杂志给我的来信而高兴时，震亭“碰巧”也翻到了一封信，惊讶地说：“唉唉唉，这里怎么还有一封阿隆的信！”阿隆起初不信，当他看清那上面的字时，他一把抢了过来，飞也似的跑了。望着他的背影，我们强忍住笑，哼着小曲吃饭去了。

根据约定，我们谁也不许问阿隆谁来的信，过多关心会让他生疑。那天中午，阿隆没去吃饭，整个下午他都像打了鸡血一样精神，上课时我们偷偷侧头瞥他，他是春风满面，一会儿偷乐一下，一会儿双手托着下巴盯着黑板出神，脸上始终带着笑意。多日来他脸上的阴云终于散去了！

晚上下自习课后，阿隆跑到我们宿舍，说：“唉哥几个，我请大家去小卖部喝汽水！”“有啥喜事啦阿隆？”震亭带头响应还故意问一句。“没啥就不能请大家啊！”阿隆强作镇定，但内心里一定是开心得不得了。震亭喝汽水时顺手又抄了几包瓜子分给我们，一脸坏笑又一语双关地说，这几天大家脑力劳动辛苦了，阿隆慰劳大家，不吃白不吃、白吃谁不吃、谁吃都白吃。震亭就那样，逮到便宜一定要占个够。

那几天，阿隆一直情绪饱满，走路扭得更厉害了，常常还偷偷地乐，乐了之后左顾右盼看有没有人注意他。我们心中的石头终于落了地，心想这阿隆同学可走上正道了！

可接下来发生的事，是我们万万没有想到的。

这天晚自习之前，阿隆把我叫出来，在一个墙旮旯里，他压低声音跟我说：“阿宝好兄弟，你得帮我个忙。”我说帮什么忙你说吧。他说：“从我们班走的那个元芳同学你知道吧。”我心里一惊，难道那事露馅了？嘴上应承说知道知道啊，就是那个长得圆箍隆咚的那个。阿隆捣了我一拳说：“你别瞎讲，好好的人叫你说成什么了，我跟你说啊，她给我来信了。”我故意装作轻蔑地说：“她给你来信？打死我都不信！”阿隆马上从口袋里掏出一封信塞到我手里说：“你还别不信，信给你看看，不过不能白看，你文笔好，高二时你就帮洪岩、高锋写过情书，震亭给裁缝铺小娥的情书你不但帮写还帮着传，别以为我不知道，你得帮我写封回信！”我把信推给他，说：“学习那么紧张，哪有时间管这破事？帮不了帮不了。”阿隆带着乞求的口气说：“阿宝，你是好兄弟，我平时没少给你照相吧，这点忙你不帮还够意思吗？”见我不吭声，他说：“行了行了，2瓶汽水3包瓜子！”我松了口说：“我可以考虑。”阿隆接着说：“你还考虑啥，明天晚上下自习后一手交钱一手交货，不过你一定得替我保密，除咱俩之外，不能让第三个人知道。”

当天晚上下自习后，我们几个躺在铺上，为阿隆让我帮写回信一事，笑得肚子疼。震亭笑得岔了气，说：“阿隆这小子，还，还真真真是个情种，本来想弄封信让他安心的，他，他现在还来劲了！”

阿军最先打住了笑，说：“大家别笑了，来凑一凑这封回信吧。”

（四）

第二天晚自习时，阿隆一直在看我帮写的回信，一边挤粉刺一边抿嘴偷乐，看样子很是满意。信是这样写的——

元芳同学：

接到你的来信我非常惊喜，非常激动。真没想到我们虽然接触不多，我却能给你留下那么好的印象。其实我没有你说的那么好，你才是女同学中最优秀的。我一直默默地关注着你，你的一笑一颦、一言一语都给我留下了深刻而难忘的印象。你走之后，我每天都对着你的照片看，不知你在那边怎么样，吃得饱不饱、穿得暖不暖、学习好不好，总之一切都在惦念之中。

的确如你所说，马上高考了，我们都要静下心来好好学习，可是我难以阻止自己的思念之情。这份情，飞越长江、跨越天池，飞向昆仑山，但愿你能感觉到。

纸短话长。不过多地打扰你，希望你能理解我的这份情意，早点回到江苏来，回到炮车来……

此致

敬礼！

阿隆

X月X日

阿隆当晚审阅完毕，写好信封，贴好邮票，粘好了，在小卖部买汽水瓜子时交给我说：“帮人帮到底，明天帮我到邮局寄了。”

这正中下怀：这封信绝对不能寄往新疆，否则要穿帮了，只能“寄”到我们的宿舍里。

本来以为一封信能止住阿隆的一江春水，没想到他又泛起更大的浪花。我们商量着：拖着不给他回信，让他冷静下来。可那段时间，阿隆像着了魔似的，没事就往教导处门前跑，满怀希望而去，一脸沮丧地回来。

我们实在不忍心看他这样下去，于是，在一个半月后，阿隆终于收到了元芳的“回信”。在这封信里，元芳说“收到阿隆的来信很高兴，同学之情十分难忘”，但重点是劝阿隆“不要想得太多，不要分心，高考是最主要的，否则就不理你了”。

当然阿隆后来又把这封信交到我手上，又要我帮助写回信。我装模作样地看完，正色说：“阿隆，看信上人家元芳对你并没有什么意思，我看你就打住吧，别回了。”阿隆恳求说：“再回一封，就一封，否则我不死心。”我问那写什么呢？他说：“你就写我一定记住她的嘱咐，不再分心，但永远都会等她，大致这个意思。”我说：“你也太肉麻了吧。”他说：“不肉麻，窈窕淑女君子好逑嘛。”我说：“我服了你啦，写写写，汽水瓜子别忘了哦。”他说：“知道知道，你也别忘替我保密。”

……

时光如梭。转眼到了第二学期，这期间，元芳再也没给阿隆“回”过信。阿隆一直消沉，我们几个也开始在检讨：当初是不是做错了，根本就不应该制造“新疆来信”事件，这明摆着是好心办了坏事。

第二学期的中间，班主任赵老师为缓解紧张的学习气氛，特意在一个自习时间举办了一场小型晚会，还准备特邀2班一个叫阿静的女同学来唱当时最流行的《妈妈的吻》，可阿隆却不见了。我们几个到处找，终于在大修队东边的一个小河沟旁找到了正发呆的阿隆。我们跟他说：“今晚班里有晚会，快回去热闹热闹。”阿隆说：“你们去吧，我想静静。”震亭开玩笑说：“你想静静，2班的阿静正好今晚来我们班唱《妈妈的吻》。”在我们的生拉硬拽下，阿隆回到了班里。阿静唱《妈妈的吻》时，小星提了个双卡录音机放伴奏，我们集体起哄阿隆跳柔姿舞伴舞。阿隆拗不过，扭扭捏捏地还真来了一段柔姿舞。“阿隆，你还真不孬，会照相会跳舞，今后一定是个人才！”赵老师鼓励他说。阿隆跳得更起劲了。

那一刻，我们忽然明白，有些事情本来不复杂，就是一句话的事就能让一个人振作，我们偏偏给整了一个“事件”，前后大半年，还差点毁了一个人！

从那之后，阿隆又开始活跃起来，特别是快毕业了，帮同学照了许多相，暖瓶盖都弄丢了好几个。看着他开心我们也跟着高兴，但一直不敢说出“新疆来信”的真相，怕伤他自尊。

许多年以后，我们当年同宿舍的几个人从天南海北聚到了一起，说起这件事，没有人能够笑出声来。因为，我们听说阿隆一直没有结婚，也不知道流落到了哪里。有人说他去了新疆；也有人说元芳知道阿隆暗恋她，所以离开炮中时故意让阿隆照相给他留下念想；还有人说后来元芳到了上海，阿隆也去了上海……

都说初恋时不懂爱情。我们几个好事者对于阿隆的这段初恋故事，雪藏了整整28年。

今天，我们揭秘“新疆来信”，当年是对是错，元芳，你怎么看?

一九八七，炮中那些事儿——四大金刚

（一）洪岩

这段时间，写的几篇炮中故事都是小清新的，忽然想到当年的四大金刚倒是单独可以写写的，应该变换一下写法，诙谐一些，尽量短一些，避免大家看得太沉重。

洪岩在2班，个高、脸黑、牙白、嘴贫是最典型的特征。对于他，班主任孙老师曾有最经典的一句话：“你的成绩什么时候能赶上你一米八的个头，也就能少拖点我们班的后腿了。”听听，能到一米八的个头没几个，而成绩赶上个头还只是少拖点后腿，可见洪岩的成绩比同班同学有多差！

洪岩脑袋瓜其实还是很聪明的，学习成绩不好，每次考试基本垫底，是因为他少年老成，情窦初开的时间比别人要早。他最先迷上班花。那是一个长着一颗虎牙的漂亮姑娘，洪岩给人家起了个外号叫“虎牙妹”，每天和哥几个聊天的话题从来都是以“虎牙妹”为中心，惹得其他女生吃醋。

洪岩座位前边的一个胖胖的女同学就实在看不下去了，有一天转头羞涩地指着自己的牙，对洪岩说：“看，我也有一颗虎牙诶！”洪岩不加思索地说：“人家长得好看叫虎牙，你那叫獠牙！”

还有一个女生，家里有钱，成天抹雪花膏，有一天问洪岩：“你看看我的脸蛋像不像剥了壳的鸡蛋？”洪岩斜了一眼，悠悠地来了一句：“倒是像剥了壳的皮蛋。”

3班的一个女生，听说2班有个叫洪岩的大帅哥，不信，晚自习课间专门跑到2班教室，名义上找同学玩，实际上看到底帅哥啥样，一见到洪岩面情不自禁地说：“长得还真帅！”谁知洪岩脑子抽了，回了一句：“你眼睛瞎啊！”

好多同学告到了班主任孙老师那里，孙老师就把洪岩叫到办公室去了，说：“你今天跟这个吵，明天跟那个吵，哪那么大火？青春期还没过啊？”

洪岩低头不吭声。孙老师说：“你不是话很多么，你倒是吱一声啊！”

洪岩说：“孙老师我错了。”

孙老师：“说说看，错哪里了？”

洪岩：“我这人脾气不好，爱发火，每次一点小事就喜欢跟人吵架，每次吵完我都悔恨不已，久久地不能原谅自己，总感觉当时很多词没发挥好，很想再吵一次……”

孙老师：“你出去！”

家里看洪岩的成绩老上不去，愁得慌。洪岩二姨说，这孩子可能是想找对象了吧，就张罗给他介绍了个对象。当时农村就那样，对考大学不抱什么希望，孩子正上着学就开始给说媳妇，考不上大学就结婚，啥也不耽误。二姨从小看着洪岩从一个小矬子长成大个子，高三寒假就给外甥介绍了个邻村姑娘小红。

相亲地点在炮车街。那天，洪岩骑个永久牌的脚踏车，那是他这辈子第一辆交通工具，从家到五公里外的炮中上学全靠它。小红姑娘见了他，人高马大的，还骑着个名牌自行车，很是喜欢，但碍于脸面不好意思先开口说话，捏着自己衣服下摆拿眼偷瞥洪岩，一脸羞涩。洪岩倒是大大方方的，率先开口打开尴尬局面：“哎，我说，你吃饭了吗？”

小红害羞地说：“人家着急赶来见你，还没吃呢。”

洪岩说：“噢，那你先去找个地吃饭吧。”

小红：“要不咱们一起去吃点吧。”

洪岩：“我吃过了，你去吧，我在这等你。”

洪岩从大中午等到天都黑了，也没等到小红。洪岩心想，这人真能吃，到现在都没回来，这要成了家，还不把家吃垮了，不等了，走人！

寒假没几天就开学了，洪岩忽然意识到快高考了，得好好学了，可他落下的太多，这也不会，那也不会。有一天晚自习刚开始时，洪岩就问孙老师一道其实比较简单的立体几何题，孙老师给他讲了整整一节自习课，他还是没完全懂，没办法，第二节自习课依然接着给他讲，其他同学也学不下去了，放下课本看热闹。终于，在讲到第二自习快结束时，洪岩高兴地说："懂了懂了！孙老师您真是全世界最好的老师，我下辈子一定还做您的学生！"

孙老师站在讲台上，脸煞白煞白的，叹了口气说："打住打住，下辈子你就放过我吧！"

后记

曾有一篇报道说，这么多年来，全国的高考状元，80%以上都没有什么好的工作，好的境遇。前几天还有新闻，清华的几个博士在研究兰州拉面，成立了网上售卖集团，领头的还是个双料博士。这世界就是这么奇怪，造化弄人。看好的，好不到哪里去，也就那样，当时谁也不看好的，后来真的混出了样。比如洪岩，娶的就是当年的那个“没吃饭”的小红，生活在一个美丽的海滨城市，还有一个很争气的儿子。你说，到哪说理去？

其实，这个世界根据不需要说理，一切都是命运的安排。造化弄人，你一样可以摆布命运，这就看你的本事了。这些本事，不是高中里学的，甚至不是大学里学的。

（二）震亭

震亭在3班，个头瘦小，白白净净的，不笑不说话，按理说怎么都跟青头紫脸的“金刚”形象不沾边。但他之所以能名列“四大金刚”，纯粹是因为这个人抗压能力强（其实就是俗话说的皮厚），似乎有百毒不侵、金刚不坏之身。成天上蹿下跳的，属于有门不走、专跳窗户的那种。

班主任赵老师对震亭有一句很形象的评价：给你根金箍棒，你都能大闹天宫，震动天庭，你还真对得起你的这个名！

震亭在“四大金刚”中最突出的特点就是精明，能捣蛋。说个小事吧，我们几个有一天逃课晃悠到炮中东边小集子的一片菜地里，远远地看见有几个小大姐在那挖野菜。震亭顿时来了精神，神秘地一笑，跟我们说：“我能跟她们亲嘴你们信不？”我们摇头。只见他马上向那几个人跑去，跑到近前，不知道跟人家说了什么，我们远远就看见几个小大姐挨个把嘴凑近他的嘴。乖乖，震亭还真有这本事！

震亭美滋滋地跑回来，说："怎么样怎么样，你们都看见了吧，看见了吧。"我们都羡慕地问："你怎么弄的，让人家主动亲你？"震亭洋洋得意地揭开谜底。原来，他跑过去跟人家说："喂，你们几个，偷吃我们家菜地的蒜薹了吧？"几个小大姐都说没有。震亭说："我不信，我要把你们都送派出所去！"几个小大姐急了，就挨个上来给他闻，于是就出现了我们看到的那一幕。

赵老师后来听说了此事，叹了口气说："震亭，你要是把这聪明劲使到学习上，高考第一志愿你不填清华，人家清华肯定都一肚子意见！"

震亭自从跟洪岩去做喇叭裤时看上了裁缝铺的小娥，没事就总往那溜，回来就跟我们白话，说小娥又夸我了，说我长得阳光，我越瞅对自己越满意。高锋损他说："震亭你比骗子都坏，骗子都是骗别人，你是连自己都骗！"洪岩白了他一眼说："人家是说你长得太刺眼，不能直视！"震亭却不恼，嘿嘿一笑说："像我这种不高不帅又没钱的穷学生，追女人主要看的不是实力，而是在赌这个女人有多瞎！"

震亭经常逃课，没事就骑着那辆除了铃不响、其他地方都哗哗乱响的飞鸽自行车往家跑。他家住炮车街西头，也方便。我们问他干什么去，他总是说："俺得回家望望（望望，炮车当地话，读二声，看看的意思）。"高锋又损他，"你那家里，下雨天都得先给屋打伞，有什么好望的？"震亭说："俺娘在街上开了个杂货铺不会算账，谁赊了账全凭脑子记，俺得回去给问清楚、记下来，以防忘了。"看看吧，震亭还是个孝子呢。

说起震亭是个孝子，还得说件事。有个星期天，我、阿军、阿然、高锋哥几个来校早了点，就说中午去街里撮一顿，改善一下，当然是家里条件比较好的阿然请客。在炮车街小吃铺炒了三四个菜，要了几瓶连云港产的王子啤酒，刚要吃，震亭嘟囔着说："几个大老爷们吃饭有啥意思？"大家说："嗯，是没啥意思。"震亭接着说："要不我叫俩女的来吧。"大家都直点头说："好啊好啊。"震亭转头就跑出去了，一会儿还真领俩女的来了。我们一看，一个是他娘，一个是小娥。震亭招呼着："来来来，一块吃一块吃……"我说过什么来着，他就是个有便宜一定要占够的人。

俗话说，近墨者黑，近朱者赤。我跟震亭坐一位，天长了也不爱学习了，老爱出去溜铁路，从炮车沿着铁轨走，走到草桥再回来。震亭取笑我说是漫无目的地瞎走，我说我其实在思考人生的路今后怎么走。有一天晚上天黑黑的，我又想出去，可大门锁了，就想爬墙头出去，怕赵老师看见，就让震亭给我把风，结果刚骑上墙头还是被赵老师逮住了。事后我埋怨震亭怎么把风的，老师来了也不告诉我。震亭振振有词："你没看见我一个劲地给你使眼色吗！"唉，天这么黑，他居然还给我使眼色，这智商！

看，震亭老逃课，还把好学生都带坏了，赵老师老大不高兴，星期天晚上开班会，让震亭站起来，严厉地训他，让他讲清理由。震亭认真地说："赵老师，我来不来上课是看心情的。"赵老师说："心情好才来上课？"震亭答："心情好还来上课干吗，多破坏心情啊！"赵老师又说："那是心情不好的时候来上课喽？"震亭答："哎呀赵老师，瞧你说的，心情不好我还来上课干吗！"全班都笑，只有震亭还一本正经地站着。赵老师手一摆，"你出去吧。"

震亭还真出去了，一溜烟跑回了宿舍，因为宿舍里有好东西。下午的时候，新沂县城来的学生叫柳叶眉的，从家拎了两个水果来，装在网兜里，被震亭、小星、高锋、洪岩、剑林等几个看到了。震亭没见过，就问："什么水果啊，红红的，还一层一层的？"小星说："我知道那是火龙果，挺稀罕的，吃过一次，怪好吃的。"柳叶眉看他们几个盯着火龙果眼巴眼望，就大方地送他们一个。震亭赶忙接过来捧回宿舍，大家商议，这好东西，等下了自习课回来慢慢品尝。小星震亭偷吃，就故意说："这火龙果籽多，还有毒，只能回来慢慢吃。"

震亭被赵老师训出去，他想正好有机会回到宿舍，对火龙果先下手为强。

晚上九点半，哥几个下自习抓紧往宿舍跑，进门一看，乖乖，震亭正趴在床边，认认真真地在切开的火龙果上，一粒粒地挑籽呢！见他们进来，他尴尬地笑笑说："这籽儿太多又太小，到现在挑了几个小时了还没挑完……"

肥壮的剑林像老鹰抓小鸡似的，一把拎起震亭，说："你缺心眼啊你！"

震亭也不示弱："你说谁？！"

剑林："你！"

震亭："你再说一遍？！"

剑林："你缺心眼！"

震亭愣了一下："你再说十遍！"

剑林："你缺心眼、缺心眼、缺心眼、缺心眼……"

震亭："你再说二十遍？！"

剑林："你缺心眼……"

高锋实在看不下去了，嚷嚷道：“你们这架吵下去还有完吗？要是不动手，就早点洗洗睡了！”

真应了那句话：不怕神一样的对手，就怕猪一样的舍友。

后记

震亭还真没白瞎了他那精明的脑袋瓜子，后来他当上了老板，在外面开矿，在县城里的家边上还开着店，一家生活得十分幸福。不过他还是总能折腾事，最近就听说他一件事——

有一天，他在县城天皇洗浴中心做按摩，给他做按摩的妹子特别白净漂亮，他想起了当年亲的那几个小大姐的事，就又犯了浑，非要摸人家妹子，劝了半天，妹子终于同意了让他摸一下，谁知这时老婆小蛾突然来电话了，说：“你在哪呢？饭都做好了，快点回家吃饭！”

震亭说：“我在加班和客户谈生意，你们先吃吧。”

这时那妹子急了，就大声说了句：“你到底摸不摸啊！”

震亭脑袋一震，心想完了，完了，被老婆听见了。

电话那头小娥真的发怒了，骂起来了：“好你个震亭，你在外面打麻将都不叫我，还骗我说加班，看回来我不打死你！”

怎么说呢，震亭，就是吉人自有天相!

（三）剑林

2班的剑林生得五短三粗，扮演李逵张飞都不用化妆，他因为仗义被列入“四大金刚”。

剑林家离学校近，不用住校，每天骑自行车上学，三四公里的路程五六分钟就干完，毫不费力。班主任孙老师评价：剑林你自行车都能骑出80迈，要用这速度追赶成绩好的同学，我保你考上北大。

仗义

在炮中说起仗义，首推剑林，这也是他最出名的特点。

还在上高一的时候，有一天班里集钱看电影，班长李万众挨个座位收，收到一个叫小舟的同学时，小舟一脸窘迫地说：“俺家穷，没钱。”李万众仗着班长身份，家里又比较富有，就不知天高地厚地说：“没钱好办，你叫我一声爹，我替你出。”

坐在后排的剑林一听火了，腾地站起来，指着李万众说：“李万众你给我听着，你喊我一声爹，全班的电影票钱我都出！”李万众也不示弱，蹿上来就给剑林当胸一拳。剑林哪吃过这亏，反手来了一个封眼捶。同学们见状，平日里就看不惯李万众的做派，假装拉架，几个人上来拽住了李万众的胳膊，有的从后面搂住他的腰，嘴上喊着别打了别打了，其实是给剑林机会。

剑林见状，又飞踹了李万众几脚。李万众被同学架住，施展不开，声嘶力竭地喊："你们这是拉偏架，干吗光抱住我！"使劲挣脱。几个同学趁机掩护，边阻挡李万众往前冲的道，边将剑林往外推。剑林占了便宜，一溜烟跑没影了。

李万众气急败坏，当晚从家喊来了兄弟爷们好几个，要好好教训一下剑林。同学见了，都说剑林快跑吧，好汉不吃眼前亏。剑林一看这阵势，三十六计走为上。剑林在前边跑，李万众等人在后面追，教导处楼拐角处眼看就要追上，李万众一拳打过去，谁知斜拐角里出来个人，打那人脸上了，那人"哎哟"一声捂着脸弯下腰。李万众一看吓傻了：原来是校长！

后来，李万众和剑林各背了个处分。

从此，剑林的仗义就在全校出了名。

逃学

高二的时候，剑林有一次整整逃了一个星期的学。

按理讲，一个学生不来上课，班主任会找家长的。最后是剑林的大哥找到了学校。孙老师说："剑林讲家里有事，请7天假。”剑林大哥说：“家里没什么事啊，剑林讲看别人住校他也想住校试试，说这周住校，可没从家拿被褥啊！”

孙老师顿觉事情严重，马上派洪岩去炮车派出所找，看看是不是犯什么事被关了。洪岩回来报告说没有，又派高锋、大冬、阿星几人骑自行车到邻近乡镇王楼、窑湾、草桥派出所打听，回来都说没有。

人去哪儿了呢？大家都说报案吧。

派出所刚立案，剑林就回到了学校，浑身脏兮兮的，脸上像抹了炭灰。孙老师又气又急问：“剑林，你死哪去了这些天！”

剑林慢悠悠地回答：“逃婚！”

孙老师说：“你这是逃课，哪来的逃婚？”

剑林吞吞吐吐说出了事情真相。

原来剑林的娘感觉剑林上学上不成气候，人又长得这样，在农村也不好说媳妇，就跟他哥姐几个商量，让大哥带5000块钱去云南给剑林买个媳妇，先养在家里，一旦高考不上回家立马结婚。这事让剑林无意中听到了，很生气，心想家里对我这么没信心，还干违法买卖婚姻的事，我干脆不上学了，跑吧。于是，他就跟家里谎称住校，跟孙老师说家里有事，跑到炮车火车站扒着拉炭的货车到了几十里地外的邳县，成天在街上晃悠，等到口袋里的买菜票钱花完了，才又扒火车溜回来。

剑林娘知道剑林回来了，让大哥骑自行车驮到学校，逮到剑林就是一阵乱捶，然后抱住剑林边哭边说：“林儿啊，娘也是为你好，你不愿意就直说，你跑什么啊！”

从此，剑林和家里都消停了。

洪岩觉得挺遗憾的，有一次正儿八经地跟剑林说：“家里要给你买媳妇，你就让买呗，你要是实在看不中，匀给我也行啊。”

暗恋

剑林不愿意让家里买媳妇，不是不懂儿女情长，而是怕掉价。高三时，他看上了本班一个叫杨西的女生，他恋爱了，不过是暗恋。

女生杨西，属于孤冷型，成天夹个书走起路来目不斜视，那劲头更让剑林爱慕得不行，每天上课眼睛很少看黑板，而是歪着头盯着杨西座位方向出神。有一次孙老师突然停止讲课，向他扔个粉笔头，正砸在他脸上，他猛地回过神来。孙老师对剑林说道：“剑林看这里、看这里！”他脸一下子就红了。杨西这时下意识地看向剑林，正好四目相接，剑林感觉有股电流穿心，慌乱地低下头。

剑林跟同学之间打打闹闹，可就恋爱这事偏偏是茶壶里煮饺子——有货倒不出。不过，笨人有笨招，剑林终于有了一次大显身手的机会。

那是一天晚上，学校突然停电。同学们难得赶上这“好事”，都趁机跑出去玩了。杨西从抽屉里面掏出一根蜡烛，正愁没有火，转头看见剑林也没有出去，在自已座位上点起蜡烛。杨西走过去借火，剑林为她引着了火，却没让她走，鼓起勇气说了平生最有男人气概的一句话。他说：“杨西，我把手放在你的蜡烛上烤，看谁坚持不住先拿开！”还没等杨西反应过来，剑林摊开右手巴掌就放到了杨西的蜡烛上。杨西被他这举动弄懵了，赶紧移开，嘴上说：“你真傻！”跑开了。剑林想象着应该是杨西感动地一把抱住他哭，没想到杨西根本不解风情，只好尴尬地用嘴哈着烧疼了的右手掌，嘿嘿一笑说：“我真傻！”

后来，剑林再也没有对杨西有过任何表示。本想看一场闹剧的洪岩、高锋等人见故事不再延续了，就问剑林为什么放弃了，剑林头斜向45度的天空，悠悠地说，杨西是个好女孩，家里穷，她必须考上大学，我不能耽误了她！

呦！这还是李逵、张飞吗？

后记

剑林复读，直到高六才考上了大学，上的是南方的一所体育学院，学运动心理学。毕业之后赶上下海潮，他一天书都没教，开始经商，在徐州创办了自己的公司，娶了温柔贤淑的妻子，生了很帅的儿子。据说还是那么仗义，给徐州的同学每人赠送了一辆山地车，周末约了一起骑行。

李万众上了大学，毕业后留校，和考上同一所大学的3班班长结了婚。多年以后李万众与剑林在徐州相见，狠狠地喝了一场酒，聊起打架的事都觉好笑幼稚。真是相逢一笑泯恩仇！

杨西如愿考上了大学，毕业后去了南方一所中学当老师。剑林四处打听没有着落，只得到见过杨西的同学提供消息说，杨西曾提起，她知道剑林暗恋她，但她必须控制自己，必须考上大学，摆脱农村贫苦的生活！

细想一想，学校和社会是两大课堂，承载着不同的责任。学校教给知识，社会教给阅历。这是互补的。而不管是哪个课堂，我们都要从中首先学会正直。

（四）高锋

高锋，一米八的个头，憨头憨脑，皮肤黝黑，样子特别像86版电视连续剧《射雕英雄传》里黄日华演的郭靖，喜欢搞怪的洪岩就模仿黄蓉，管高锋怪声怪气地叫“锋哥哥”，时间长了同学们也都跟着叫“疯哥哥”。还有叫“风哥哥”的，是因为洪岩讲有一天晚上月黑风高，他正在操场边跟两个女同学搭讪时，有人风驰电掣般从跟前跑过，看不清脸，只能看到一口白牙在空气中飘，后来知是高锋在练跑步，于是又多了个“风哥哥”的雅号。

偏爱

高锋是个多面的人。他有着看上去与郭靖一样的傻气，但要比郭靖多几分机智，还多几分冷幽默。

就说看《射雕》吧，傻傻的郭靖、任性调皮的黄蓉把学生们搞得五迷三倒的，晚上都不想上自习，全跑操场东边从四川来的大修队去看。那里有一台黑白电视机，供工人们消遣用的，一到晚上全被学生霸占了场地。

高锋当然是其中的一员，但他从没被班主任孙老师抓到过。也难怪，高锋练体育的，准备考体校，跑得快。孙老师溜到大修队去逮学生时，高锋听闻动静，往往孙老师还没进来，他已经飞奔回教室上晚自习了。这时候，毫无警觉性、在那里对着电视傻乐的洪岩、大星、震亭、剑林一干人等，就只能乖乖地被孙老师押解着回校，至少在讲台前站上20分钟了。

孙老师训这些学生，你们天天人模人样地来学校，就是不好好学习，电视有什么好看的，你看看人家高锋，就跟你们不一样，人家从来就不去看。

洪岩低着头嘟囔说："他跑得比兔子还快，你当然抓不到他了。"

孙老师厉声说："洪岩同学，我警告你，你别往好学生身上泼脏水！"

晚自习下课后，孙老师把高锋单独叫到办公室，苦口婆心地说："高锋，你是个好苗子，千万别跟洪岩他们几个一起混了，你这样下去很危险的你知道吗？"

孙老师对高锋的偏爱可见一斑。

高锋其实没法不跟洪岩他们几个混，住一个宿舍，一起吃饭。衣服你穿我的，我穿你的，换着来，显得不重样，在女同学那里有面子。

说到吃饭，最丰盛的时候就是周日下午到校，一个宿舍的哥几个把各自从家里带来的好东西往铺上一摆，你一筷子我一筷子，一会儿就干光了。

一次，震亭来晚了一些，到宿舍一看，东西全吃没了，他气呼呼地埋怨说：“还好兄弟呢，屁都不留一个！”洪岩说：“震亭兄弟别急，我马上给你放一个。”说着抬起屁股，“咚”的一声，果真放了一个响屁。大星回头一本正经地问：“洪岩你说啥？”高锋盯着洪岩，像不认识地说：“这位爷，听你这口音不像本地人，好像苏北偏点鲁南的味，梁山下来的吧。”震亭“扑哧”一声乐了，刚才的不愉快随着屁味一块散了。

报仇

孙老师对高锋偏心眼，同宿舍的几个都看得出来，但都不说出来，怕伤兄弟之情，但在行动上常常有点要共同治治他的意思。

一次午饭后，高锋感觉肚子不舒服马上跑厕所去了，找个坑蹲下去才发现没带纸，那时候没有手机，他就对一个刚便完的初三学生说：“那个谁，请你帮忙到130宿舍找一个叫震亭的同学，叫他给我送纸来。”那同学去了，也告诉了震亭，这时在一旁的洪岩说：“等等吧，让他在茅坑蹲一会儿再说。”大家都说“对对对”。震亭说：“那我先睡会儿觉。”谁知震亭这一觉醒来，两个小时过去了。震亭一看高锋床上没人，连忙撕一块报纸就往厕所跑，进去一看，高锋还在那傻傻地蹲着，望着震亭递过来的一角报纸，他惨兮兮地说：“不用了，不用了，风干了，干了……”

君子报仇，十年不晚。这事高锋记了仇，等了很久机会终于来了。有一天震亭的大哥娶媳妇，震亭公鸡酒量，一瓶啤酒就醉得东倒西歪，回到学校还跟哥几个吹嘘也就是喝了三四瓶，说完倒头呼呼大睡。高锋骑在他身上，对他的嘴又撕又拧，还扇了一嘴巴子。第二天早晨震亭醒来直喊牙疼，掏出小镜子一看嘴巴也肿了，惊呼：“昨晚谁打我了？昨晚谁打我了？”大家都傻乐着盯着高锋。震亭恶狠狠地瞪着高锋：“是你打的我？”高锋一脸无辜地说：“哪有人打你，昨晚你喝多了进宿舍时撞铁门上了，然后你就对着铁门使劲咬，要不是我拉着，宿舍的门都报废了。”震亭信以为真，连忙过去握住高锋的手感激地说：“班长，谢谢你！谢谢你！”

高锋感觉报复震亭一次还远远不够，有一回又逮到了机会。那时候自行车、双卡录音机都属于高档用品，名列结婚必备的“三转一响”里头。晚自习前，震亭倚在一辆崭新的永久自行车上，手里拎着个双卡录音机，跟几个男女同学在那白话：“我告诉你们，像这样的东西我家里多的是，都没地放。我成绩不好，是因为我一边上学一边学做生意，我就是一个不服输的人！”

高锋一瞅就知道震亭又在那吹上了，便在远处喊：“震亭，孙老师叫你去3班还阿龙的录音机，你怎么还没去？”高锋的话音刚落，一个穿着很入时的初三学生过来对震亭礼貌地说：“请你让开，我要骑自行车了。”震亭真想找个老鼠洞钻进去。

和解

高锋跟洪岩关系最铁，但不代表铁哥们之间没有矛盾。洪岩是准备以后当兵的人，所以学习好坏无所谓了。高锋要参加高考，而且孙老师经常给予鼓励，志在必得。因为这些，所以两人的思想就会有不一致，经常互相斗得不亦乐乎。

比如说吧，有一天周五放学前，孙老师收拾一下教桌，随口问了一句，“明天是周六了，祝大家周末愉快，同学们还有什么事吗？”高锋举手说：“孙老师，你忘了布置家庭作业了。”刚刚还会心会意、暗暗窃喜的洪岩那几个人，此时想掐死高锋的心都有了！

有一次，离下课还有一分钟，孙老师在黑板上写下一道数学题说：“有人算出来就下课。”说完铃声响了，高锋拍拍身边睡得正香的洪岩说，孙老师让你上去擦黑板。洪岩揉揉眼睛，抹了一把口水，迈着坚定的步伐走到黑板前，在孙老师赞赏的目光里，拿起黑板擦把黑板匀速擦了个干干净净，还扭头给孙老师一个微笑。然后，同学们都下课吃饭。洪岩就被孙老师带办公室去了。

洪岩知道是高锋搞的鬼，对他更有看法了，两人之间矛盾加深，有一阵子还相互不理睬。有一天在宿舍，大家都闷不作声，空气沉闷得像点个火就能爆炸。大星实在看不下去了，说：“你们两个其实都恶搞过对方，没有谁对谁错，互相道个歉拉倒！”这两个人都死要面子，谁也不愿先开口。看到震亭跟死猪似的睡着，两人似乎想到了什么，不约而同地走到震亭床边，同时给了震亭一巴掌。震亭呼地坐起来，捂着脸带着哭腔问：“你们为什么打我？！”

高锋和洪岩异口同声地说：“我错了，对不起！”

看看，两人就这么想到道了歉，而不伤面子，只是震亭无缘无故挨了两巴掌。

两人和好如初，彼此之间又开始相互照应。有一次，洪岩数学考了37分，孙老师把洪岩父亲叫到学校来了。洪岩父亲看着试卷上那么多的“x”，气得不行，抬手要打洪岩。高锋圆场说：“叔，洪岩还不是最差的，震亭考了19分。”洪岩父亲稍稍消了气，严肃地对洪岩说：“这次你虽然不是最差的，但是也不能太骄傲了！”

父亲走了之后，洪岩一把抱住高锋，感激涕零：“高锋，我的好兄弟！”

光阴似箭，转眼间高考就要到了。体育特长生高锋要到徐州去会考。练了整整3年，即将马到成功，同宿舍的洪岩、大星、震亭，还有3班的阿军、阿龙等哥几个真替他高兴，在他要走的头天晚上，在小吃铺炒了几个菜，给他送行。

那天晚上，大家说着3年来的酸甜苦辣，喝得很高兴。大家左一杯右一杯地敬高锋，预祝他考试成功。高锋本来酒量不行，但看着同学们这么真诚，也是拼着命喝，吐了几次，回来又喝。高锋后来回忆说，“那是他有生以来最难忘的一个晚上——因为，第二天，他去徐州考试，酒劲还没过，跑步腿直打晃，第一轮就被刷下！”

后记

高锋第二年复读，到底还是考上了体校，如今在一所中专学校担任领导职务了。几乎每周双日都要送课下乡，带着老师给农民朋友讲电焊、电工等各种实用技能知识，如郭靖一样的侠骨心肠。他娶了一个调皮任性的媳妇，许多同学说，那神态，那动作，就是《射雕英雄传》里的黄蓉。儿子也上了大学，热心公益，喜欢运动，还做了青奥会的志愿者，那模样就是当年的彩版高锋。

高锋和洪岩如今生活在两个不同的城市，但在同学群里常常还是互掐个你死我活，相互抖搂当年的鲜为人知的糗事。洪岩就爆料，有一天半夜高锋从睡梦中醒来，坐在床上呜呜直哭。洪岩关心地问："高锋你怎么了？"高锋哭着说："我梦见我媳妇被你拐跑了。"洪岩鄙夷地来一句："你有媳妇吗？"高锋想了想说："哦。"这才盖上被子继续睡觉。

这就是高锋，一个多重性格具有很强可塑性的男人。他跟着好人他就能成为一个很有出息的人，他跟着坏人他也会呈现出坏坏的一面。总之正道他能走，后门他能行，黑白两道可通吃。这就是他所接触不同类型的人带来的结果。

不过，总体上说，同学没有好人坏人之分。你认为他好，他就是好的；你认为他坏，他就是坏的。好坏没有真正的定性，而且随着时间的推移，好的坏的都会朝着美的善的方向转化，让同学之间当年的沟壑慢慢填平，因为属于那个年代的人生命已过大半。

这就是同学情意，靠近了掐，走远了想。

战友·他们注定是海空雄鹰

Part 6

英雄离去，长歌当哭。其实，忠诚使命、勇于担当、不怕牺牲的，不仅仅包括姜涛、鲁朋飞以及所有翱翔蓝天的飞行员，还包括那些遨游在深海大洋的舰员、艇员！他们一样地离开脚下坚实的土地，风里来浪里去，只为使命的呼唤，祖国和人民的利益！无论时代如何变迁，那坚定的信仰、勃发的血性，像红色基因，在万里海疆的高山、海岛、天空、浪尖绵绵传承！

我的战友我的团

央视2015年5月26日报道，海军某部两名飞行员在进行飞行训练时，发动机突发故障，在即将坠毁的17秒时间内，两名飞行员想到的不是自己逃生，而是操纵飞机避开人口密集地区，人民生命财产安全没有受到任何损失，而他们却永远地离开了海空，离开了他们全心全意服务的人民。这两名烈士，一个是80后27岁的飞行教员姜涛，另一个是90后22岁的飞行学员鲁朋飞。

这支部队，是我曾工作过的团，作为代理航医，我曾连续多日在机场陪伴海空骄子的飞行。今天，面对电视画面，我只能用泪水为两位年轻的战友送行！

1993年7月，我于军医学校毕业后，分配到这个飞行团卫生队当普通医生。这个团为海军培养了众多的优秀飞行员，我对这个团和这里的海空骄子仰慕已久。我时常通过门诊室的窗口看教练机的起起落落，一个偶然的机会让我近距离接触了这些年轻的飞行学员。

那是一个冬天，卫生队的航医休假，队里派我代行航医之责。夜航训练通常在子夜进行，那时正是困的时候。我裹着棉大衣缩在救护车里，但怎么也睡不着。因为飞机起降巨大的轰鸣声震耳欲聋，还不时有年轻的学员过来找我要风油精、清凉油，我连一个瞌睡都不能打。在明亮的灯光下，我看到那些腋下夹着头盔的学员，一个个显得很兴奋，充满朝气。闲着没事，我与他们聊起天来，问其中一个学员怕不怕。他笑笑，露出很白的牙，说，怕倒是不怕，只是有点紧张还有点兴奋。我又问，驾机上天，又那么黑，危险不？那学员还是笑，说，这就好比你学骑自行车上路，带给你的是骑行的快感，越骑你越会胆大心细，根本就不会觉得危险。

每次夜航，都要到凌晨三四点钟结束，对我来说时间难熬，但那些学员总像是意犹未尽。

代理一段时间航医后，跟飞行大队的人混熟了，有一天杨大队长问我，戴医生，想不想体验一下我们飞行的感觉？我说我行吗？他说，你只要敢就没问题。我含含糊糊地哦了一声。谁知第二天上午，杨大队长对我说，你的上机手续已经报批了，今上午就可以跟我上天。我迟迟疑疑地跟他来到训练场，杨大队长帮我穿戴整齐，把我扶进后座，交代一些不能随便按按钮、怎么通话等注意事项，然后他坐进了驾驶舱，由他亲自驾机带我上天体验，我悬着的心稍稍放下。

这架全身涂满军绿的教练机，只有前后两个舱。我正襟危坐，腿还有点哆嗦。指挥塔台下达命令之后，头盔里传来杨大队长的声音，“戴医生，坐好了，咱们起飞！”就在一阵轰鸣滑行之后，飞机摇晃着冲上了蓝天，越飞越高。我的心都蹦到了嗓子眼，壮着胆子小心翼翼往下看，绿色的机翼下，是美丽的黄土地，冒着袅袅炊烟的村落、片片绿色的森林，还有蜿蜒细长的河流……送话器里传来杨大队长的声音：“戴医生，知道我们的飞行学员为什么那么有激情吗？因为，他们一想到学成之后，驾驶战机巡航祖国的蓝天，壮美的山河，他们就有莫名的兴奋与冲动，就跟我们这些老飞行员当年想的一样。”

我忽然明白，夜航值班时看到的为什么都是一张张兴奋的脸庞，也明白了他们为什么没有怕意，因为在他们心里，飞行，是一种神圣而崇高的使命！

很快，一个起落完成了，我对杨大队长说，我有点害怕，不飞了吧。杨大队长坚定而又温和地说，不行啊，必须要飞完3

个起落！滑行、起飞、翱翔、俯冲、着陆……我的心随着飞机大起大落。等到3个架次完成，飞机平稳停在跑道上，我的脚踩到了地上，一直悬着的心才放到肚子里，而此时我的衣服里裹满了臭汗。

那是我平生第一次坐飞机，而且是“专机”，资深老飞驾驶，但我还是怕极了。

在我们这些常人的眼里，人是生活在地球上的，大地最有安全感，脚踏着实地，心里才踏实，只要脚不沾地，就有许多潜在的未知的风险。飞行员其实也是常人，但他们有区别于常人的地方，那就是为了更多人的安全，他们只能勇敢地承担起风险，从容地去面对危险。

姜涛和鲁朋飞就是这样。他们驾驶教练机进行起落航线训练，在完成一个漂亮的着陆动作、再次拉起飞机后不久，塔台飞行指挥员发现飞机发动机拉出异常的青烟，立即提醒飞行员“检查温度”。此时，飞机已接近机场边缘，正前方100多米及其左右前方地面上均为人口密集区域，分布有村庄、驾校、厂房、居民楼、医院、加油站、商业中心等。如果按照飞行教范要求以直线或小角度转弯迫降，带着火焰和燃油的飞机在巨大惯性作用下会坠入人口密集区域，将给人民群众的生命财产造成严重损失。就在这时，指挥员发现飞机突然开始向右转向，出人意料地来了个180度大转弯，随后以较大俯角坠向地面一片树林并起火，两颗年轻的星就此陨落。

英雄离去，长歌当哭。其实，忠诚使命、勇于担当、不怕牺牲的，不仅仅包括姜涛、鲁朋飞以及所有翱翔蓝天的飞行员，还包括那些遨游在深海大洋的舰员、艇员！他们一样地离开脚下坚实的土地，风里来浪里去，只为使命的呼唤，祖国和人民的利益！无论时代如何变迁，那坚定的信仰、勃发的血性，像红色基因，在万里海疆的高山、海岛、天空、浪尖绵绵传承！

望着两位烈士的照片，我在想，姜涛的名字里有海的色彩，鲁朋飞的名字就跟天空有关，他们注定是海空雄鹰，一直在飞翔，飞翔。虽然我们再也无法看到他们青春的脸庞，但我分明能感觉到，祖国无垠的海空里，到处舞动着他们的翅膀……

别了，我的战友！此刻，我希望用一首《驼铃》伴着你们远行！我还为你们一路行吟：

翼下家园，

是这样的美丽辽阔，

而你们，此刻

已以身许国。

从此九天之上，

又有忠魂护佑我大好山河。

挥手作别，

天上彩云朵朵。

你们不带走她么，

那是战友爱的寄托。

我的战友兄弟，一路走好！

海娃十问：爸爸他去哪儿了？

对于孩子们来说，一年里有两天最快乐难忘的日子：一个是生日，一个是六一儿童节。在这两个日子里，多数孩子都有父母陪伴，买礼物、上公园、大聚餐，享受快乐幸福的时光。然而，有一个小海娃，他的爸爸是潜艇兵，常年深潜海底为国巡逻出征，父子俩见一面都是奢望，更别说一起过生日、过六一了。每到这个时候，小海娃问妈妈最多的问题就是“爸爸去哪儿了？”

这个问题，相信小海娃长大以后能明白、会理解。作者由于职业缘故，得以近距离接触许多军人的孩子，文中的小海娃并非一个人，他是千千万万个军娃的化身。在这里，我们要向那些常年得不到父爱的军娃们，向用柔弱肩膀扛起家庭重担的军嫂们致敬！

第一问

“妈妈，听奶奶说你和爸爸结婚的头天晚上，爸爸突然接到部队上一个电话然后就直奔火车站了。第二天没有新郎官，爷爷奶奶说按风俗让你抱着公鸡拜堂成亲，后来幼儿园的小朋友都说我有个‘公鸡爸爸’。我不知道什么叫风俗，可是妈妈，我就想知道那时爸爸去哪儿了？”

第二问

“妈妈，每年冬天最冷的时候，你到幼儿园把我接回来，马上生炉子把屋里弄得暖暖的，然后你开始忙着在炉子上为我做饭，脸上熏得黑黑的。妈妈，我不想让你这么辛苦，我想让爸爸来帮你，可是爸爸他去哪儿了？”

第三问

“妈妈，每当我生病的时候，哪怕是深更半夜，刮风下雨，你都会抱着我往医院跑。我躺在你的怀里，你的泪水滴到我的脸上。我好想永远不生病，免得你这样累。你也总说，宝宝千万不要有什么三长两短，否则对不起爸爸。妈妈，你老是想着爸爸，可是爸爸他去哪儿了？”

第四问

“妈妈，你告诉我，爸爸是海军，在大海上。所以我很小很小的时候就喜欢看军事节目了，每当电视上出现大海、军舰、海军叔叔的画面，我就目不转睛地盯着看，可我一次都没看到过爸爸。妈妈，你告诉我，爸爸他去哪儿了？”

第五问

“妈妈，你总让我接一个电话，说是爸爸。电话那头，一个男人亲热地跟我拉呱，问这问那。我不知道他长什么样，只知道他是‘电话里的爸爸’，答应会为我做这做那。可是妈妈，为什么爸爸总在电话里，爸爸到底去哪儿了？”

第六问

“妈妈，有一天晚上，一个男人进了我们家，黑黑的瘦瘦的。你让我叫爸爸，我不肯。那个人抱着我，一直亲不够，我看见他流泪了。那晚，那个人搂着我一直和你在聊天。我挣开他说，叔叔你走吧，我和妈妈要睡觉了。我看见他苦笑了一下。妈妈，那个叔叔知道我的爸爸去哪儿了吗？”

第七问

“妈妈，那个叔叔在我们家那几天，每天让我骑在他的脖子上，带我玩，给我买这买那，还帮你洗衣做饭收拾家。每天晚上讲故事哄我睡觉，说他再也不走了，我这才认了这个爸爸。可是，还没等我跟小朋友证明我的爸爸不是公鸡爸爸，他又不见了。妈妈，爸爸他去哪儿了？”

第八问

“妈妈，我上小学了，别的同学每次上学放学都有爸爸妈妈换着接送，每次家长会都有爸爸妈妈换着参加。可我哪，每次都只有妈妈。老师让我们每人上台讲‘我的爸爸’，轮到我时，我哭了，我说我不知道我的爸爸在哪里，我不记得他长什么样了。同学们都笑我傻。妈妈，我不傻，可爸爸他去哪儿了？”

第九问

“妈妈，有一年暑假你说你带我到部队探亲，能见到爸爸了。坐了汽车转火车，又坐汽车，又坐了轮船，好不容易到了一个岛上，来接我们的是一个叔叔，他跟你说了什么，然后安排我们在招待所住下。过了几天你又带着我回来了。妈妈，这一趟怎么没见到爸爸，爸爸他去哪儿了？”

第十问

“妈妈，我9岁了，你带着我随军来到了小岛上安了家。可是爸爸常常一出去就是一两个月，走的时候还会偷偷留下一封信。有一回被我发现了，我看到上面写着这样的话：万一有什么意外，带着宝宝再嫁了吧，给宝宝找个好爸爸。妈妈，爸爸为什么要写这些，爸爸他去哪儿了？”

我的六一寄语

妈妈，今年我已经14岁了，已经懂事了，我终于明白爸爸这些年都去哪儿了，我知道他爱这个国家就像爱我们娘儿俩，他在深深的大海里都在把我们牵挂。我知道还有许多和我一样经历的军娃。我不再怪他，我不再不认他。我只是有一个小小的遗憾要告诉他：

爸爸，这个六一是我最后一个儿童节了，你再不陪我，今后就再也没有机会了；我也变得越来越强壮，你再不抱我，今后就再也抱不动了。

最糟糕的境遇还没有到来

有一天，一个小兄弟跟我抱怨说，这阵子感觉运气特别差，贩了一车西瓜，车坏在高速路上，耽误了一天到市场上发现烂了一半；炒股时大牛时没出手，没几天就全绿了，账户资金被拦腰斩去一截；朋友5年前借的5万块，今儿说明儿还，明儿说后天还，拖到现在才还了一半……我说，你还有时间在这抱怨，说明事情还没到最糟的程度。一旦到了最糟的程度，往往是最好的开始。所谓否极泰来，那时候你根本来不及抱怨就从一个状态迅速转到另一个状态。小兄弟眼睛直勾勾地望着我，像是懂了，又像是没懂。我说我给讲个故事——我老领导年轻时的故事。

老领导生长在南方一个偏远的小村，高考时报了军校。那是20世纪80年代初，通信和交通都不发达。一天晚上，老领导坐个小板凳正在村子里看露天电影，喇叭里突然叫他的名字：

“阿华请注意，大队接到乡里电话通知，让你明天上午10点之前赶到县里参加军校体检，过时按自动放弃志愿处理。”

听到这一个本该高兴的好消息，老领导阿华和一家人却怎么都高兴不起来：小村离县城要100多里地，夜里黑灯瞎火根本没法赶路，他还没学会骑车，只能等明天早上家人骑自行车带他去，那10点之前也肯定赶不到！看电影的人也都替阿华惋惜，说这么多年村子里好不容易出个考上大学的，而且还是个军校生，却这样白白地错过了。

可老领导不死心，第二天早上天还没亮就让父亲骑上自行车载着他往县城赶。他一个大砣，父亲骑车带着他穿过3里多长崎岖的乡间小路来到公路上，已累得气喘吁吁，大汗淋漓，实在是有点骑不动了。正沮丧之际，身后扑扑扑地驶过来一辆手扶拖拉机。老领导试着招了手，一问说是去县城拉货的，说了自己的情况，拖拉机手爽快地说：“上来吧。”老领导告别父亲，纵身跃上拖拉机，“噗噗噗噗”地朝县城开去。那会儿路不好，坑坑洼洼的，拖拉机在路上熄火好几回，老领导又是帮摇又是帮推的，等拖拖拉拉赶到县城，已是上午11点多。完了！老领导想，过时没到，就等于自动放弃了志愿。他的情绪低落到了极点！

不过，一会儿，老领导就平静下来，他想，既然到了县城，还是到教育局去看看是什么样子的吧。东打听西打听，一路摸到教育局，见院子里有不少学生模样的人，手里都拿着一张纸，有站着的，有蹲着的。随便问一个人怎么回事，对方告诉他，整个县城停电，体检推迟到下午2点。老领导的心一下子提到嗓子眼上，三步并作两步，跑到一个工作台前，试探性地用双手递上村里的介绍信，工作人员收了，在一本名册上勾了他的名字，然后递给他一张体检表，说："小伙子你是最后一个，运气真好，赶上今上午停电医院做不了体检，把表拿好，别走远，一会儿12点带同学们吃饭，2点半带你们去医院体检……"老领导这时还觉得自己是在做梦，狠狠地掐了一下自己的胳膊，疼得忍不住叫出声来。

30多年过了，现在，这位老领导已是肩扛将星军衔。想当年，如果他在任何一个环节上放弃，都不可能走到今天。

小兄弟这会儿终于听懂了，不仅听懂了，他还用这事分析自己目前的境遇。他说："我的西瓜、股票，朋友的欠账还都留了一半，说明运气还没有到最糟糕，接下来我还可能遇到很多不如意，我要平静地生活下去，等待不幸到了极点，再迎接一个美好的起点。"

我说："对了！现在的人，不缺吃不少穿，缺的就是一份内心的宁静和坚守。"我向来相信老祖宗的人生哲学，像什么"否极泰来""欲速则不达""满招损，谦受益""有舍才有得”“塞翁失马，焉知非福”“福祸相伴相生”“顺其自然，知足常乐”“天无绝人之路”“船到桥头自然直”，相信阴阳的平衡，相信有波谷必有波峰，有洼地必有高原，有得意必有失意。这是老祖宗千百年智慧的结晶，无一是空谈，全部被生活验证。

所谓峰回路转，柳暗花明，机遇就在拐角处，可有些人就是不能坚持走到头。内心的浮躁，忘了自己的初心，忘了为什么出发，在最关键的几步上止了步或者调了头。

怎么保持内心的平静，除了牢记古训，还有最简单的一个办法，就是每天早晨洗漱时对着镜子笑一个，在心里说，我今天内心要平静。这是一种自我暗示，在春风得意时这样做，在失意彷徨时也这样做，往往能引起蝴蝶效应，让你始终往正确的方向走，一直走在正确的方向上，不走弯路或者少走弯路，屡试不爽。

我就是这样做的。不信，你也试一个。

田君一周年祭

田君姓田，但不叫君，我敬他为谦谦君子，故称他为“田君”。

田君与我同生于苏北一个叫炮车的小乡镇，曾就读于同一所名为“炮中”的中学。他比我小4岁，晚3届，清瘦白净干练，话不多但时而字字珠玑，时而幽默风趣，这大抵与他的修养、文才以及个性有关。

我高中毕业不久即离家去追一个早有的梦，与田君原本无交集，并不相识。在走过了舟山群岛、南京、葫芦岛之后，我于2000年落脚于北京的总部，人生地疏，每天只顾埋头拼命工作。记得是第二年的某月的一个晚上，我在一座叫黄楼的5楼办公室，迎来了一位陌生的年轻人。他自我介绍后，一口纯正的乡音、来自同一个母校、一脸温和的笑容，一下子拉近了我们之间的距离。原来，他也是刚从外地调到总部来，在4楼，对我这个校友有些耳闻，同我一样家属尚未随调，晚上没事就上来聊聊，认识一下。

那晚，我们聊了许久，讲起高中的老师，教过我的老师有的也教过他，讲起学校里发生的故事趣事，多半都略知一二，相互会心一笑。不过田君比我强，他高中毕业后考上了大学，后来分配了工作，所以明显地，知识底蕴和思维层次要比我深得多。

后来，我们的家属孩子都随调到了京城，两家的交往就更多了起来。都说“君子之交淡如水”，我们不能说淡于水，只能说淡于盐豆、咸菜——这是我们老家每家人都要常年腌制的两种土得掉渣的“特产”，四季不断，三餐不离。简单地说，盐豆的做法，就是把黄豆煮熟了，装在蒲包里捂到发霉，然后拌上盐和辣椒粉、萝卜片。既可以湿着吃，也可以晒干了吃；咸菜的做法，就是芥菜疙瘩煮熟了，用酱油泡，黑黑的像炭，切成片就着稀饭吃。这两道小菜，一个闻着发臭，一个看着黢黑，上不了台面，但颇受老家人喜爱。我估计，这应该是因为日子穷、吃不起新鲜菜肴的时候，老家人的发明创造，但胃有记忆，即使日子好了也还是要馋这一口。我们两家就是这样，谁从老家回来带来，或者是谁的老家来人捎来，必定要互通有无，分个一罐半罐。有了这两样，好几天都胃口大增。

我们的孩子相差1岁，都以各自的姓取的小名。我家的是男孩，田君家的是女孩。都说这世上最亲的关系一是血缘，二是地缘。每每两家人聚在一起，两个孩子相互追逐打闹，手舞足蹈，一点都不生分。记得有一年我们开车回老家过春节，田君借了两部对讲机留着路上联系方便，前车后车，两个孩子就拿着对讲机讲个没完，一会儿说笑话，一会儿讲故事，一会儿唱歌，咋咋呼呼的，很兴奋，还没到家对讲机就没电了。

那次一路回家，我看出田君是很细心的人，他驾龄比我长，车子开得快而稳，我第一次上高速开长途，不敢快，前车的田君每到服务区都要停下来等我们，嘱咐我不要着急。我比他长几岁，也要显出老大哥的样子。他公务繁忙，时常出差，我们家郊游时必定要带上他家的娘儿俩，一同到郊野挖荠菜，我们总会把肥肥的一片留给他们挖，谁家单独出去挖了来，必定洗择干净了送了对方包饺子吃。

田君工作上勤勉敬业，一丝不苟，生活上简约朴素，井井有条。他为人低调而诚恳，从没见他跟别人红过脸，大声地说话，总是未曾开口笑脸相迎，上上下下对他的口碑都不错。在总部的10多年间，调整过三次工作岗位，每个岗位干得都十分出色。跟他说个什么事，无论私事公事，不见许什么诺，几天后事成了，他也不跟你说。

光阴荏苒，各自的日子如小河水平静地流过，本来可以一起汇入岁月的长河，共同终老一生，然而天有不测风云，一阵狂风恶浪打破了这种平静。

2013年的四五月间，田君工作之中感觉头痛不适，到医院检查，万万没想到查出患上脑胶质细胞瘤。这是一种恶性肿瘤，医生说无法根治，凶多吉少。我和我爱人都难以置信，去看他，以为他不了解自己的病情，强作笑颜安慰他。他当时还没有开刀，看上去没什么异常。他笑着跟我们说，没什么，谁没个灾没个病的，挺过去了，什么事都没有，挺不过去也没有什么事。他的爱人私下里抹着眼泪跟我们说，他知道自己的情况，他只是不想让大家为他担心。

这种病看来真是顽疾。田君第一次做了开颅手术，取了瘤子，几个月后又长出来。做了第二次开颅手术后，似乎好多了，回家休养。大概11月份的一个星期天，我给他打手机，问他在哪，他说在郊区散心，挖荠菜。后来还见他到过办公室，说想上班，替兄弟们分担一些工作，被领导劝了回去。我想终于好了，也松了口气。然而，春节过后听说他脑中的瘤子又长出了，再次住了院，不过已经不适合再开颅，只能打孔往里面灌药保守治疗了。他的爱人一边在医院照顾他，一边还要接送女儿上学，累得几近崩溃。

最后一次看他，他的神色大不如从前，脸色苍白还有些浮肿，说话也有些乱，心里想要表达的嘴上已经跟不上，唯一没变的还是他的笑容。我强忍住泪水，送上他最爱的盐豆咸菜还有我亲手做的辣椒炒小鱼，他坐起来，仅吃了一点点就放下了筷子。看着他坐着累，我帮着他揉着伸在被子外的脚和腿，一字一句地跟他说："我要出趟远门，随船到国外去，大概要七八个月时间，你好好养病，等我回来，你也好了，我们再去挖荠菜……"他看着我，笑着，哦哦地答应着，想说什么，但说不出来，那笑容有些惨淡，也有些尴尬。

2014年的3月，我随船到国外了，因为一直在海上漂，手机没有信号，偶尔靠港时打电话给家里，总要问起田君的情况。爱人说，好像一天不如一天了……我预感到将有不测发生，但始终盼望有奇迹出现。

日有所思，夜有所梦。就在我们归途当中，当地时间9月29日的那天夜里（5小时时差，北京时间9月30日上午），我做了一个十分不祥的梦，梦见了模模糊糊的田君，他还是笑着，跟我说："哥，我要走了。"我说："你到哪去？别走，等我回来，咱们挖荠菜去。"伸手拉他，他却飘忽着走远了……我猛然惊醒，一身冷汗，心扑扑地直跳，还好，是在做梦！但30号一整天心总是安定不下来，就打了电话给家里，我爱人低声地跟我说："小田今天走了……"

挂了电话，我愣愣地坐在舱室的床铺上，眼前总是浮现着这位年仅42岁的兄弟的笑容。从相识到相知，从平时工作到一起回老家，从郊外游玩到一起挖荠菜，一幕幕，仿佛就在昨天，从没走远……实在控制不住自己的情绪，我拿出从阿曼买的香炉和乳香，在舱室里燃起。望着缕缕烟气升起，我在手机微信上写下4句小诗和几句话发在朋友圈里：

悼乡友田君：

惊闻乡友英年逝，
一声长嘶恸心扉。
千江有水千江泪，
万里海路万里悲。

田兄，你走那天托梦于我，我已感知。远隔万里无法送你一程，我在阿拉伯海为你燃香了，你也一定会知。愿你一路走好，天堂里不再有病痛。

人的生命有时很顽强，顽强到可以抵御一切的风雨打击；人的生命有时又非常脆弱，脆弱到经不起一个小小癌细胞的折磨。我们都是吃着盐豆咸菜、从苦日子里撑过来的人，田君却止步于正蒸蒸日上的当口，我只能说天妒英才。我和所有熟悉他的乡友、同学都为他痛惜。

今天，2015年10月1日，在田君驾鹤一周年之际，我们几个乡友相约随田君妻女来到他的墓前。这是北京西部群山环抱的一方净土，幽雅而恬静，正如田君的性格。他在这里安卧，的确有些孤独。我们奉上鲜花，美酒，水果，家人还祭上他爱吃的盐豆和辣椒小鱼，虽然大老远地跑来，只能短暂地陪他说几句话。因为逝者已逝，而活着的人生活还要继续。尽管终究都要归于尘土，但剩下的日子必须好好地珍惜。

我想，这也应该是田君的愿望……

是为田君一周年祭。

（写于2015年10月1日深夜）

在战地，有个女孩名叫馨文

俄罗斯战机在叙利亚轰炸IS武装不久，我的微信朋友圈里忽然有一个叫梁馨文的女孩上传一条消息说，我要跟着叙利亚政府军去阿勒颇采访了，大家为我祈福吧。下面配着一张她身穿防弹衣，手拿套着CCTV台标的话筒图片，显得有些肃穆又有点调皮。

这条信息的下面，我能看到的仅有两三个点赞或者说“保重”的，而且都是我的第十七批护航编队的护友，这说明我们的交集就是在护航阶段。没错，我们是在去年9月亚丁湾护航结束访问伊朗阿巴斯港时认识的，虽然一晃已经一年多过去，但这个CCTV驻中东记者站的女记者梁馨文让我记忆如昨。

一个女孩叫什么并没什么特别，但一个女孩如果是个身处火药桶上的记者，名字又叫馨文（新闻），那就叫人过目难忘了。那天上午，梁馨文裹着阿拉伯妇女的标志性头巾，在编队150船上采访指挥员，随她摄像的是个阿拉伯青年。中国驻伊朗大使馆的武官向我介绍说：“梁记者专门从驻迪拜的记者站赶来，你们是同行，多关照关照，需要什么素材给她提供一下。”我瞥了一眼不远处那个正忙碌的20多岁的小姑娘，点点头说没问题。

靠港后，开始拜会、补给、参观，时间过得很快，转眼快到吃晚饭的时间了。说实话，这时对梁记者的印象也就是停留在一个模糊的身影上，如果不是由一个“解馋”的话题引起，也许她就是我记忆中的一个匆匆过客，随风而去。

晚饭即将开始，编队的摄像小董找到了我说：“戴老师，梁记者出去传新闻去了，等一会儿就回来，有个事要麻烦您。”我问：“什么事，你说吧。”小董说：“您看您能不能跟指挥员报告一下，请梁记者和另外一家报社的驻站记者，在我们船上吃顿猪肉？”我说：“他们不在船上吃饭吗？”小董说：“没有，他们都是自己解决。您看，他们从国内来半年了，您知道这地方的饮食风俗，他们说特别馋肉了，想来船上蹭一顿。”我的心猛地一酸又一紧，对小董说：“这事我来办，你只要晚饭时把他们领到会议室就行了。”

小董一走，我就立刻找到了指挥员报告了此事，指挥员豪爽地说：“请他们来，今晚正好有红烧肉，管够！”有吃的了，还得要有座位，由于军官餐厅小，指挥所的十几号人在会议室就餐，一个萝卜一个坑，很挤，加两人就得挤走两人，我可以不吃饭让出座位，还得再找一个，想来想去把政管组顾组长给瞄上了，他也很爽快地答应说：“我就在你屋喝茶，让他们解馋……”

我住舱的对面就是会议室。晚饭进行了大约半小时之后，我和老顾正有一句没一句地聊着，忽然门口站着一男一女两个人，女的就是武官告诉我的梁记者，而男的不认识。梁记者看到我，热情地打招呼说：“您就是戴老师吧，小董跟我说了，谢谢您的安排。不过……”她看了一眼身边的男子，嬉笑着说：“这是《光明日报》驻伊斯兰堡的贺记者，这家伙解馋解得有点过，想借用您的卫生间……”还没等她客套完，那位贺记者捂着嘴向我做了个鬼脸，一头冲进卫生间嗷嗷地吐了起来。吃肉都能吃到吐？这得吃多少？梁记者的解释解开了我的疑问。原来，为庆祝我舰艇编队首次访问伊朗，同时答谢两位驻外记者，指挥所特意开了几瓶红酒，贺记者人很直爽，长时间没沾酒，经不住劲，又吃了一肚子肉，只好吐了。我挺替他惋惜地说：“可惜了，白吃了。”谁知梁记者咯咯一笑说：“酒肉穿肠过，过嘴瘾了，没白吃！”

贺记者吐完，抹一把嘴，冲我们笑了笑，又钻进会议室解馋去了。梁记者一个女孩子家，大概要面子，没走，品着我刚沏的昆仑雪菊，相互加了微信，与我们聊天。这才得知，她是辽宁大连人，全名叫梁馨文，清华的国际新闻学研究生毕业后进入CCTV国际部，不久就被外派到设在迪拜的中东记者站。

我很惊奇一个女孩子在国外特别是中东这么乱的地区怎么待得下去，她笑笑，“这是工作，再怎么难也得坚持。”我说：“真巧了，你的名字同你的职业一样。”她大大咧咧地说：“也许注定这辈子就是个干新闻的命。”聊着聊着，顾组长问起她：“有男朋友吗？”她爽快地回答说：“有啊，也在中东站。”顾组长开玩笑说：“不会是那个跟着你的摄像吧？”梁记者夸张地笑起来，说：“你真会开玩笑，那是我们的当地雇员，驻外记者有规定摄像要聘当地人，熟悉情况，方便工作。我的男朋友是我中东站的同事，不过台里派我来接替他，他就回国了。”“啊？一个来一个走，男女朋友就像相向而行的地球卫星，CCTV这样安排，未免有些残忍了吧。”我们都笑起来。

到访伊朗的第二天晚上，150船上举办甲板招待会，招待伊朗霍尔木兹甘省军政要员，梁、贺二记者照例参加采访。待曲终人散，船上只有中国人的时候，梁记者变回了乐观开朗的她，收起了长头巾，戴起船上送的帽子，拉着指挥员照相，还调皮地有模有样地敬起军礼。她说她的舅舅如果早年不转业现在差不多和指挥员一样官衔了，见到指挥员就感觉很亲切。她还说她读大学时就梦想当海军，没想到阴差阳错当了驻外记者，不知道现在报名海军还要不要。那晚她在甲板上玩到很晚，喝了一杯又一杯船上陶政委表演的茶道。她说，原本还怀疑大老远从迪拜赶来值不值得，现在感觉真是收获多多，太值得。临下舷梯她还恋恋不舍地说，这是她出国以来最快乐的日子，从来没有感觉这么温暖和亲切，就像在自己的家一样无拘无束。这个时候，她说她突然很想念她的父母了。

是的，军舰是流动的国土。她的确可以在自己的国土上起劲地撒欢，人人都宠着她。

第4天，编队3船结束访伊缓缓离开阿巴斯港，码头上欢送的队伍前，照例是头顶大围巾的她，正手持话筒背对着我们作现场播报。此刻，我们都有些心酸：一个本应该花前月下的小女孩，在异国他乡如何撑得下以后的艰难的日子？

我们多虑了。

回国以后，我偶尔翻阅她的微信朋友圈，看电视上国际新闻报道，看到她不停地奔波。她去过阿富汗喀布尔采访，在播报喀布尔形势严峻的新闻时流弹就打在她身边的窗户玻璃上；今年中国的农历春节前她去黎巴嫩首都贝鲁特，她在微信中写道：过关的时候（工作人员）问我去贝鲁特度假吗，我说不，工作。“白袍”鄙夷地长长地哼了一声，一脸不相信。他不屑的表情好像在说贝鲁特能有什么工作……她在伊朗德黑兰，她在伊拉克巴格达，她在阿联酋阿布扎比，她在叙利亚大马士革，现在她又出现在叙利亚从前的经济首都阿勒颇，一个叙利亚政府军与IS武装激烈争夺的重镇……

一个女孩，就这样穿梭在战火与平静之间，贫穷与富饶之间。她面临难熬的孤独寂寞，“打开门，屋里静得可以听到水管和冰箱里的声音”；她一个人闯荡世界，“第一次独立开车不是在大连，北京，迪拜，而是在这么陌生的贝鲁特”，最大的庆幸是遇上暴雨堵车一个半小时，没有发生剐蹭；她偶尔也有甜美温馨的感觉，就是在参加雇员堂哥的婚礼上，“我看到了阿富汗灿烂的一面，她们就那样开心地跳着，贫穷、爆炸，又算得了什么”。她用一句话来定位自己，同时也给自己补充能量：女人，你有什么理由不坚强，你是唯一流血一周都不会死的动物!

她的微信中有一小段记述，表明了她的辛酸与无奈，坚强与乐观。她给这段经历取名“生活真是很奇妙”。她写道：

就在昨天我还和雇员抱怨为什么我去哪哪就没新闻，7月应景去了趟巴格达，到了局势就稳定，只好做些选举啊分析什么的时政新闻，一回迪拜，巴格达是医院伤兵采访也允许了，萨拉赫丁也可以去了；到了德黑兰，核谈还有一个月，又是没啥大事，配合着加沙做些报道，自主选题也都还在经历着伊朗漫长且烦琐的审批手续，相比之下晋燕老师到了巴格达后又是美军空袭ISIS，又是确定总理人选，我和雇员说："Where there is Ms Wang, there is news; Where there is me, no news."（为什么王先生出现在哪里，哪里就有新闻，而我出现在哪里，哪里就没有新闻？）雇员安慰我，"Because you are the root cause of the stability in both Iraq and Iran."（因为你是伊拉克和伊朗稳定的根本因素）苦笑。昨晚当地手机只剩一格电，想着没片子也没人找就撑一晚上吧。于是的于是，今天，是的，就在我和雇员讨论这个问题不到12小时后，伊朗就掉了架飞机！而那个只剩一格电的诺基亚X1竟然支撑了3个频道的7档电话连线。所以这个故事告诉我们，不要低估自己的运气，并时刻准备着。谢谢给我发信息截图给我鼓励意见的你们，也谢谢给力的诺基亚，你比我表现好得多。晚安，德黑兰。

瞧瞧，多么乐观开朗的女孩。

生活其实就是这样，在你哀叹自己命运不好的时候，如果不去坚持，机遇就会白白地溜走，坚持了，最后就成功了，前头的所谓的无用功都是通往成功的铺路石。所谓"幸福就在拐角处"，有多少人止步于拐角之前，没等到峰回路转呢？

其实，说起来，一个叫梁馨文的女孩留给我的感触远远不止这些。浏览完她的微信朋友圈，我专注地看起我身后的巨幅世界地图，那个叫中东的地区，一个中国女孩此刻不知道又在哪里奔波。我祝福她永远平平安安，就像祝福我的家人，我的祖国。是的，的确包括我的祖国，与其他任何国家和地区比起来，我们的国家是这样的平静安宁，我们的中华文明是这样的包容共生，我们的人民是这样的幸福安康。女记者梁馨文一定知道这些，而且会比我们感受更深，她在源源不断地传回国外重大信息的同时，也在向世界展示一名中国女性的坚强与勇敢。

而且，作为同行，这个女孩身上有太多需要我学习的特质，包括她的顽强、她的乐观、她的隐忍、她的独立、她的冷静，还有她的适应性和对生活的感恩态度……

一个女孩值得珍惜，一份安宁值得珍惜，一个国家同样值得珍惜。

军舰是一片故乡的云

2014年9月我随海军第十七批护航编队访问伊朗，至今已经过去了1年多，但我仍然时常牵挂着当时认识的一位老华侨。我忘不了他，并且随着时间的流逝越来越想念他，特别是送行那天他孤零零站在阿巴斯港一棵树下的单薄身影，反复地萦绕在我的脑海里。

（一）

“我常常一个人静静地坐着，听《故乡的云》那首歌。今天，祖国的军舰来到伊朗，就像故乡的一片云在召唤我。我来了，摸一摸它，就像在亲近我的祖国。”在第十七批护航编队长春舰2号单人舱，也就是我的住室，用完简单晚餐的老刘，一边品着香喷喷的铁观音，一边向我娓娓道来。

这天是2014年9月23日，编队即将结束访问伊朗阿巴斯港的前一晚。

老刘名叫刘志海，年近六旬，青海西宁人。将近30年前，风华正茂的他赶上出国的热潮，跨海越洋来到伊朗首都德黑兰留学，学习波斯语，后来在一家中资机构做翻译。再后来，他从中资机构离职，做小生意，卖小商品，织波斯毯，娶了伊朗媳妇，育有一子一女。前些年，中国奇瑞汽车进军伊朗市场后，他开办了一家专营奇瑞汽车配件的小公司，招募了十几名伊朗人做伙计。因为力所能及地解决了部分人的就业，当地人对他很友好。这就是在聊天中我所得知的老刘的简历。

认识老刘纯属偶然。伊朗的官方语言是波斯语，是比阿拉伯语还要难懂难学的小语种。中国驻伊朗大使馆为编队访问动用了所有的使馆翻译还不够用，就想到了老刘。老刘尽管生意很忙，但接到使馆电话后毫不犹豫地跟着使馆的同志来到了阿巴斯。他的“任务”是陪同编队两条舰的数百名官兵参观购物。我们这才得以认识。

编队组织购物是分一拨一拨的，这拨回来了那拨走。老刘是送回了这一拨再跟下一拨。阿巴斯的大巴扎（集市），类似于中国的农贸市场，很大。“老刘，这藏红花品质怎么样？”“老刘，波斯毯在哪儿买？”“老刘，这东西是什么，帮我问问。”“老刘，帮我算算这价钱换算成美元是多少？”在陌生的国度里，老刘仿佛是官兵的一个“救星”，一会儿被喊到东，一会儿被喊到西，忙得满头大汗。

老刘是个回民，舰上的饭菜没几个他能吃的。很多时候他赶不上饭点，就随便打点青菜、西红柿炒蛋什么的对付几口就了事。中午午休，他就趴在军官餐厅的桌子上眯一会儿，天天如此。

（二）

“这几天挺累的吧老刘？”继续喝茶，继续闲聊。

老刘抚摸着我送给他的长春舰舰帽，憨憨地一笑：“不累。你们来了，给咱们华人华侨长脸。跟咱们的士兵在一起，我感觉是他们中的一员，挺快乐的。多少年没有这样的乐趣了。”

乐趣？该和多亲近的人在一起，才能把累当成乐趣呢？

独在异乡为异客。老刘的第一个孩子是男孩，已经14岁，第二个孩子是女孩，6岁。生第二个孩子的时候，伊朗的涉外婚姻政策变了，孩子上不了户口。他特别想带上媳妇和孩子回中国、回故乡看看，但没有户口就办不了护照，又不能单单把没有户口的孩子扔在家，带上其他娘儿俩回去。所以至今媳妇和孩子都不知道中国是啥样。头几年，他还一两年回国一趟看看老母亲。这些年，他的几个兄弟也都发家致富不差钱了，劝他安心在国外照顾生意，别来回跑了，母亲有他们照顾着，挺好的。老刘说，伊朗新政策规定孩子满18岁时就可以上户口了，有了户口我立马带他们回祖国看看。

已经过去了4天，老刘没有参加一次官方的活动，没有吃过一顿像样的饭菜，都是陪着我们的官兵在街上。他在舰上的最后一顿晚饭是在我的舱室吃的。那晚8点钟，舰上要举办甲板招待会，我请他参加招待会，穆斯林风味大餐，他说那都是场面上的人，我就不去了；让他去餐厅吃点，他说不饿。陪官兵上街一整天，怎能不饿！我就从餐厅给他打了一点饭菜。他吃得很仔细，一粒米、一个菜叶都不剩，完了还自己把盘子洗干净了。

老刘说，他多么希望时间过得慢点再慢点，他想和我们的军舰、我们的士兵多待一会儿，再多待一会儿。

也许就是出于这样的情感和想法，9月24日上午，就在我们结束访问伊朗离港前的几个小时，老刘又陪着3名因工作忙从未上过街的炊事班战士跑了一趟大巴扎。

（三）

9月24日下午3时，编队两舰就要离港了，我们到码头与欢送的人群握别，却总找寻不见那个熟悉的身影。舰艇鸣笛，缓缓驶离港口。怅然若失之际，我在高高的舰桥上向远处眺望，猛然发现，在与送行人群隔着一条河的一棵树下，默默站立着一个孤独的身影。那就是始终认为自己身份卑微、不愿走进大场面的老刘啊！

“老刘！”我几乎要坏了纪律喊出声来，拼命地向他挥手。他似乎看到了，也冲我这里挥手，但挥了几下便不动了，像是在揉着眼睛……我已经来不及取相机，迅速掏出了手机尽可能地拉近拍下了老刘的身影。拍完，我根本想不到，我一个不惑之年、不再会轻易流泪的男人，却为一个相识才几天的老人，瞬间泪流满面。

军舰渐行渐远，码头在我的眼睛里越来越模糊，老刘更是看不到了。我想起老刘说他喜欢听《故乡的云》，而我此时却在心里唱起了《懂你》：一年一年/风霜遮盖了笑脸/你寂寞的心有谁还能够体会/是不是春花秋月无情/春去秋来你的爱已无声/多想靠近你/告诉你我其实一直都懂你/多想告诉你/你的寂寞我的心痛在一起。

老刘，故乡的云在召唤你，祖国母亲永远敞开怀抱，等你。祝你在异国他乡一切顺利！

Part 7

梦想·你内在的力量，决定了你的样子

王健林在激励年轻人时说，“先给自己定个小目标，比方说我先挣它一个亿。”人世间，没有命运女神，只有命运无常。于是，许多发不了财的，升不了官的，都要埋怨命运不好。然而，仔细想想，过失还是在于自己。总梦想出人头地，还不如做好眼前的每件事。同王健林按身价比，不如真的就定个“小目标”：每天挣它100块，而且对得起这100块。

我们都生活在平淡的故事里

生活不是电影，有精彩的故事情节环环相扣，在差不多90分钟的时间里，完成由平淡到高潮的讲述，直至银幕上出现一个大大的“The End”。生活，就像北京卫视“生活”栏目的宣传语：一个七日接着又一个七日。

不过，在4月的第二个七日的第二天，我的平淡生活里泛起了一丝涟漪，那是早上我开车送孩子上学后，回工作单位的路上发生的。

受早高峰影响，莲花池西路由西向东的辅路上车流缓慢，车子快到莲花桥下时，远远的我就看见桥口的人行道上，一辆电动自行车倒在一摊油污里，边上站着一个妇女与小孩。

待车子靠近了，我摇下车窗打眼一看，那30多岁的妇女正一手用一张餐巾纸捂着脸，一手拿着手机在打，额上、脸颊边餐巾纸捂不到的地方，满是黑黑的油渍；身边背书包的小男孩六七岁样子，两眼泪汪汪地望着中年妇女。

哦，这一定是一对母子，母亲一早骑电动车送孩子到对面的七一小学上学，不小心摔倒了，满脸的油渍让她不好意思再前行，若是用干干的餐巾纸擦，会更花了脸，所以只能先捂着，打电话不知向什么人求助。

我正想着，一低头看到了自己车内储物盒里有一包湿纸巾。我想，若用湿纸巾给那个妈妈擦脸，一定能好些，至少脸上不会显得太脏，还可以继续送孩子上学。于是我决定停车，给她送过去，然而这时后车的喇叭拼命地响起来，原来前车已经行进了10多米。我只好慢慢地继续向前开。

但是，眼前始终是那个泪水盈眶的小男孩，还有那个尴尬无助的母亲。我想这包湿纸巾无论如何也要送到她的手上！

这时，人行道上迎面走过来一个老干部模样的老爷子，像是刚送了孙子回返的。我急忙踩了刹车，向他打招呼说："师傅，我身后的桥口一个带小孩的妇女像是摔了，满脸的油污，请你把这包湿纸巾带给她。"老爷子愣了一下，打量了我一眼，然后接过湿纸巾走了。

我从后视镜中看到，老爷子把湿纸巾递给了那个妈妈，手指了指我这边的方向。接下来是怎么样的情况，我再也无从知晓了。

然而，这一天里我都感觉心情愉悦。我虽然不知道那包湿纸巾对那个妈妈是否有用，但至少表达了一个路人对她的安慰，让她知道在她无助的时候，没有人要看她的笑话，也有人会给她力所能及的帮助。她一定不知道送湿纸巾的人是谁，但她应该知道人间自有真情在，这真情哪怕只是一小包可能派不上用场的湿纸巾，也已经足够了。说不定，还会为一颗幼小的心灵敷上一丝温暖，让他从这一丝温暖里对世界少一分恐惧。

这不是在给读者灌鸡汤。我想许多人都有这样的经历，哪怕是微信群里聊天时附加在一句话后面的“微笑”表情符号，都会给聊天对象带来不一样的感受。

比如对方求你办一件事，你说“这件事我办不到”，句末如果带上一个“微笑”，对方的感受很可能是“他理解我这件事的重要性，但他无能为力”。而缺少那个小小的表情符号，对方的感觉也许就变成了“他居然这样生硬地拒绝了我”，从此友谊的小船可能就翻了。

所以，维系和谐的，就是一次举手之劳，就是一个简单的微笑。我们的生活简单而平淡，如果你不能惊天动地，仅仅这样的“小动作”已经足矣。

曾经与一位出租车司机聊过天。那是今年春节前的一个礼拜天，单位突然有事，我必须马上从家赶过去。于是我用上滴滴打车，不一会儿车子就来了。司机师傅很有礼貌地让我上了车。出于无聊，打开了“滴滴”里对这个张姓师傅的服务评论，七八条好评，有一条差评，上面留言是：“态度蛮横，说话没礼貌。我要投诉！”

好坏如此悬殊，我来了兴趣，便问这是怎么回事。张师傅说他从没看过乘客留言，问是什么时间的。我告诉了他是某月某号几点几分。他认真地想了想，说：“哦，我想起来了，一定是那位大妈！”接着他给我讲起一件事。

那天早上6点多钟，他接了六里桥的一个住宅小区的单，上车的是一位60多岁的大妈。待大妈坐定后，他问：“请问你要去哪里？”见大妈没有回答，他又问了一句，还是没有回应，心想大妈可能年纪大了，耳朵背，就提高嗓门大声地问了一句：“请问你去哪里？”没想到大妈急了，叫道：“你什么态度，这么大声？喊什么喊！”

张师傅回头一看，原来大妈戴着耳机在听收音机。他解释了一句，可大妈不依不饶说：“你这么大声，想把人吓死吗？你们跑出租的就是这么讨厌，要么拒载，要么态度恶劣！我非投诉你不可！”

张师傅从后视镜里看到大妈的脸已气得变形，便笑了笑，没再作声，小心地把大妈送到了目的地。他说，这事你不说我都忘了，按时间看，投诉留言的一定是她。最后，张师傅颇有些无奈地说：“咱们都是平头百姓，你说人和人之间咋就不能心平气和一些，多一点理解和关心，多大的事呢？”

“多大的事呢！”说得真好。突然想起哪个小品里的一句台词，“天空飘来五个字，那都不是事”。

是的，我们都是平常人，生活在平淡的故事里，没有大起大落，没有大喜大悲，没有过不去的坎儿，没有解不开的结，只有平淡是真，心安就好。而要保持一份“真”，对得起一片“心”，却要记住那句虽然老套但属于智者的箴言：“勿以善小而不为，勿以恶小而为之。”

我们都生活在平淡的故事里。记住：请从今天开始，给迎面走来的人一个微笑；向需要帮助的人伸出一双手。给生活加一点盐。

幸福是用来品味的，不是用来斥责的

幸福，人人向往，每个家庭都致力追求。但在不少人的心里，始终没有感觉过幸福。

我的朋友凌波加夜班到深夜，妻子在无聊地看着电视等他回来。快到零点了，听到门响，妻迅速爬起，打开门厅的灯，找出拖鞋。门开了，凌波见妻子还没睡，没好气地吼道：“是不是又在看那狗血韩剧？我说你还能干点正事吗？”妻子一听这话，本来想去给他倒洗脚水的，一赌气扭头回屋睡了。

在凌波的感觉里，妻子就是个没大志向的小女人，这日子无聊透了。而在妻子看来，好心总是得不到好报，好日子被这个男人过成了这样，也算是够够的了！凌波闲聊时跟我说起无聊的妻子，说生活一点也不幸福，准备离婚。我说：“你别急，给你讲一个故事。”

我的老家有一户人家，夫妻都是残疾人，丈夫是个瘸子，妻子是个聋子。老两口为赶上那些早上来不及吃饭就上班、上学的人，每天天不亮就上街摊鸡蛋煎饼，早出晚归，风雨无阻。一天辛苦下来，当他们回到出租屋中，男人用手指沾着唾沫数着一沓一沓的零钱。妻子接过来小心地锁到一个木匣子里，然后比画着双手，哇哇地表达着什么。丈夫看得懂：这样攒下去，上大学的儿子下一年的学费再也不愁了。夜深了，他们相互依偎着呼呼大睡，等待第二天黎明再度早起。

讲完故事，我问凌波，你们两家，谁幸福，谁不幸福？凌波挠挠头，说，其实我宁愿过这残疾人两口子的生活。我说你这是瞎话，谁不向往好的生活条件，这对残疾人每天辛苦劳作也是为了好的生活。你现在衣食无忧，缺少的是一种感觉。

托尔斯泰说："幸福的家庭都是相似的，而不幸的家庭都有各自的不幸。"的确，这世界上有许许多多幸福的家庭，其最大的相似之处不在于是否富有，而在于其乐融融的感觉。而不管有多少种不幸，最大的"不幸"，也恰恰是缺少这种感觉。

在莫泊桑的短篇小说《项链》中，那个为炫耀自己高贵的小公务员的妻子玛蒂尔德，把向朋友借的钻石项链弄丢了，为了偿还债务，她只好为别人打短工整整劳苦了10年，最后才得知那串项链原是一串假的钻石项链。玛蒂尔德的不幸，就是缺少这种感觉。而她眼中的美丽而高贵的朋友，就算是戴着一串假的钻石项链，不也是一样的光彩照人吗？

有人说，感觉是很玄妙的东西，怎么样才能找到和找准呢？我的答案还是：全凭感觉！不要认为深夜里为你亮着的那盏灯，是费电；不要认为耳边的絮絮叨叨，是废话；不要认为她穿一件新衣服问你好不好看，是爱打扮；不要认为她每天洗衣做饭，是她的本分；不要认为对你吃什么几点睡的关心，是多余；不要认为你酒桌上接的那个让你少喝点早点回家的电话，是烦人；不要认为她怪你买一束玫瑰不如买一棵白菜，是不懂浪漫……生活，就是由这些琐碎的烦恼与快乐组成。一旦哪一天，这些你曾烦过的东西都没有了，幸福其实也就到头了。

许多人，不是不幸福，而是不懂幸福。

过人之人，必有过人之处

上个周末，应邀参加了朋友于金龙先生张罗的一次小聚。

于先生是中国知名企业家俱乐部“空中商学院”的秘书长，也是一位成功的商人。我们在一个高端微信群中认识，相互加了好友。

我对加微信朋友还是比较慎重的，在他向我发出添加好友邀请时，我先是看了他的朋友圈，不是转发弘扬传统中华文化的文章，便是在全国各地比如甘肃、西藏、青海等贫困地区扶贫的动态，所配的图片上有的还打着国旗党旗，满满的都是正能量。于是，我欣然接受了邀请。

之后的大半年时间里，于先生多次邀请我参加他的私人聚会，并告诉我说受邀者都是业界的大咖，跟他们接触会增长不少的社会阅历。我一次又一次地以“工作忙走不开”婉拒了。

其实，工作忙的确是一个原因，但还有一个重要的原因是，我对商界人士基本上没有什么好感，觉得他们一身的铜臭气，“除了金钱，他们一无所有”，我是一个码字的，跟文化人沾点边，不免有些小清高，觉得跟他们没有什么共同语言，一次也没有成行。

这一次，实在抵不住于先生的盛情，我答应赴邀。但这一次，彻底改变了我对大咖们的固有看法。

那晚的聚会，在北三环边上的神玉艺术馆举行。

来宾三教九流，有搞房地产的，有搞投资的，有搞建筑设计的，有搞慈善的，有搞污水处理的，有搞南红收藏的，还有时尚京剧传承人，有电影后期制作人，甚至还有两位魔术大师，其中一位扎着漂亮马尾辫的小伙子，我经常看到他在央视露面。

听了于先生对来宾的介绍，我觉得我这个文字工作者在其中属于最没名气的了。这些人都很年轻，虽然不是业界最顶尖的人物，但也属于各自行业的翘楚。于是，我尽量不说话，做冷眼旁观者。

餐会开始前安排的暖场活动，就让我大为意外。不是通常的打扑克“斗地主”、玩骰子或者划拳消遣赌酒，而是到四层参观玉石文化展。这里汇集了自唐代以来最为珍贵的佛教文化玉石、器皿，或肃穆庄严，或栩栩如生，或巧夺天工，每一件都堪称国宝，价值连城。

边走边赏，边听着解说员的细致讲解，一个小时下来，真的是接受了一场中华玉石文化的熏陶。主人的安排真是别具匠心！

而真正让我感到最为意外的，却是餐会中这些“三教九流”的言谈。

坐在我们通常所说的“买单”位置上的于金龙先生，首先介绍了空中商学院企业家俱乐部“重情重义、见利思义、知恩图报”的社会宗旨，“做中国梦想的实践者、传统文化的弘扬者、社会财富的创造者、快乐生活的引领者、乐善好施的行动者”的价值主张，随后又介绍了他们为国家实施“一带一路”战略和“精准扶贫”政策所做的事情。

有人问：“你们所做的投资、扶贫、慈善，差不多能惠及全国1亿人口？”于先生笑着回答说：“这算是我们的一个小目标吧。”大家会心一笑。

接着，餐会的真正主人——“空中商学院”慈善家协会主席李丹先生的一席话令我刮目相看。

这位有着红色基因的企业家认真地说，我们企业家的眼睛不能只盯着李嘉诚，那样永远没有个头；我们的眼睛要向下看，看那些生活不如我们的人，尽力去帮他们一把。

他还说，“我们前不久刚刚在江西宜宾联系确定了50名先天性心脏病患儿，过几天将带这些患儿到北京301医院做免费救治。孩子是国家的未来，尽管这些孩子身体患病，但我们企业家有这个社会责任，让他们拥有未来！”

我禁不住多打量了这个穿着随便的年轻的企业家几眼。

席间，于先生介绍的一个19岁的企业家引起了我的注意。这是一个个头高瘦的小伙子，据说他的父亲是一个拥有上百亿资产的商界大亨，而他却不愿意去当父亲的接班人，自己与合伙人一起搞起了投资公司。

他说，年轻人应该独立，父辈挣了再多的钱也是他们的心血付出，我们不应该当啃老一族，而是要通过自己的努力，闯出自己的一片天地。

你很难想象一个商人，会把《大学》倒背如流，并准确地阐释出其要义，拿来为自己修身齐家所用。来宾中的那个30出头的建筑设计师做到了。

他在交谈中，一口气说道，“我的成功之道得益于曾子所作的《大学》这部儒家经典。大学之道，在明明德，在亲民，在止于至善。知止而后有定，定而后能静，静而后能安，安而后能虑，虑而后能得。物有本末，事有终始，知所先后，则近道矣。”

“什么意思呢？就是人生大学问的宗旨，就在于发扬光明正大的德行，在于更新民风，在于达到德才完美的最高境界。知道所要达到的境界，然后志向就能有所确定。志向确定以后就能静下心来，心静以后就能安闲舒适，安闲舒适以后就能认真考虑，认真考虑以后就能有所收获，任何事物都有根本和枝节，任何事情都有终了和开始，知道什么在先，什么在后，就接近于合理了。”

“《大学》中还写到，物格而后知至，知至而后意诚，意诚而后心正，心正而后身修，身修而后家齐，家齐而后国治，国治而后天下平。就是说，研究事物原理而后获得知识，获得知识而后意念诚实，意念诚实而后心志端正，心志端正而后提高自身修养，提高自身修养而后整顿好家庭，整顿好家庭而后治理好国家，治理好国家而后天下太平。”

包括我在内，在座的所有人都为他鼓掌。这掌声，不是赞扬他把晦涩难懂的古文背得如此流利，而是为这样一个年轻人能用中华儒家思想来涵养自己而鼓！

席间，我还得知，那个时尚京剧文化的传承人和传播者马瑛瑛，致力于京剧艺术的创新和传播，最近正在和羽西女士联络准备一起将这一国粹推向美国；那位“中国南红第一人”已经投资拍摄了5集介绍南红的纪录片，近期正在策划从文化价值的角度进一步宣传这种中国特有的玛瑙宝石；那个留着长发和一撮小胡子、颇有些文艺范儿的电影后期制作人马志遥，渴望有好的剧本，让中国电影更多地走向世界……

那个会魔术的“马尾辫”李宁，名字同早年的体操王子相同，好记。我百度了一下他，才知道他原来是国际级的魔术大师，国际魔术家协会国际评委。他行事很低调，话不多，没有特意准备，在于金龙先生的邀请下，他以手上戴的链子和桌上的餐勺为道具，前后为我们表演了“手链松扣”和“意念弯勺”两个小魔术。

我佩服他的魔术，但更佩服他的努力。听他说，中国魔术师因为缺少原创作品，很难在世界魔术界占有一席之地，就算是偶有优秀的魔术师去参加国际大赛，也常常被误认为是日本人。在经历过事业的低谷之后，他决定自己要搞一个原创的节目出来。

川剧中的变脸是中国文化的精粹，李宁当时就想把变脸、变衣、变伞这三个元素融为一体，瞬间变换。2001年，在第16届蒙特卡罗世界明星魔术比赛的颁奖台上，李宁凭借自创魔术《移形幻影·三变》摘得了魔术界的“奥斯卡”——“金魔棒奖”。

现在，这位亚洲第一魔术师，一直致力于中国魔术的推广、儿童素质教育、公益活动等方面工作。他跟我聊天时说，魔术可以开启人的智慧，引发人对学习的兴趣，所以他想建造一所“魔法学校”，让青少年朋友从学习魔术中传承中华文化，开发大脑，益智娱心。

……

餐桌上，常常是政治段子和黄色笑话的集市，插科打诨，荤素一齐上，有的人因此身败名裂。而这天的餐桌，算是另类吗？

我打量着桌上的每一位嘉宾。他们儒雅，谦逊，自信，阳光。我想，他们的成功都不是偶然的。过人之人，必有过人之处。这些人，八仙过海，各显神通。但是，我发现，无论是做企业的，做慈善的，搞投资的，演京剧的，变魔术的，他们都有一个共同点，就是把中华传统文化奉若圭臬，以此涵养道德，规范言行，修身齐家平天下。

我想起莎士比亚说过的一句话：道德和才艺是远胜于富贵的资产。堕落的子孙可以把贵显的门第败坏，把巨富的财产荡毁，而道德和才艺却可以使一个凡人成为不朽的神明。这一天，自视清高的我开始将桌上的所有人视若神明。

我想起那些无良商人、那些纨绔子弟、那些为富不仁者，即使他们获得了一时的成功，一时的贪欲，一时的心理满足，但他们注定不会走得长远，不会变得高尚，只是游荡在人世间的“鬼魂”而已。

我还想告诉正在打拼路上的年轻人，在我们的社会上，挣钱不仅是经济的范畴，还是道德的范畴，挣钱最大的益处还在于道德和精神上的发展。无论如何打拼，都别忘以德立身。它可能不会让你马上富有，但至少让你精神不会空虚。

我还反省了我自己。今后再也不要戴着有色眼镜去看人，去看社会。世界远没有你想象的那么糟糕，世界要比你认为的更加美好。你以为你很高尚，其实还有更多的人比你崇高。

有文人说我们这些写文章的至高境界是到达哲学境界，最高境界则是到达宗教境界。而我想说，那些做生意的至高境界是眼里已经无钱，最高境界则是撒钱来回报社会。

就像“空中商学院”，听起来像是企业家吃喝玩乐的俱乐部，实际上它是“同心共筑中国梦”、用爱点燃希望之光的社会公益实践大平台。

近些年来，他们在欠发达的西部、东北部等地区拉动投资，以文化带动社会进步，以扶贫帮助困难群众，表现出了中国企业家的良知和社会责任感，既印证“一诺千金”的民族美德，更践行“反哺社会”的纯正初心。

我们总是习惯了仇富。但即使是那个已经超越李嘉诚成为中国首富，“先定个小目标，比如先挣它一个亿”的王健林，在做慈善上动辄以亿计！

厚德载物。德为做人之本，德为事业之基。这个社会大有希望！

既然做不了人上人，那就干脆做好本分

（一）

有一天，与儿子谈起他就读的北京市十一学校，我说：“儿子，你们学校今年高考重点本科率在99.3%，是不是最厉害的？”儿子一向以母校为荣，但他这次却说：“哪里，人大附中比我们学校厉害多了，您知道人大附中的老师是怎么教育学生吗？”

见我摇头，儿子便给我说起人大附中的逸闻。

人民大学附中与人民大学紧挨着。据说每年高考前，人大附中的老师都是这样开导学生们的：“你们再加把劲吧，否则就只能考隔壁的大学了，到时候可别怪老师没提醒你们，自己也别后悔没用功。”

我听了，哑然失笑。真是天外有天、人外有“人”啊！

“隔壁的”人民大学，是一所什么样的大学呢？知名的艾瑞深中国校友会网已经连续第14年发布中国大学排行榜，最新的排名显示，在北京，人民大学紧随北大和清华之后；在全国呢，它排名第6!

听了人大附中老师说出这样的话，你一定觉得倍儿牛气。没错，这就是实力！没办法，多少人望尘莫及的人民大学，在他们的嘴里只是个“隔壁的”，现在你懂什么叫“百尺竿头，更进一步”了吧?

（二）

也有另类的“靠实力说话”，这是我看到的两个土豪与房子的故事。

一个是，A土豪在一家售楼处交了80万的定金后，又看中了另一处的楼盘，前一家的就不准备买了。不买就不买吧，可他连定金都懒得去要了。他说与其花时间去要定金，还不如用这个时间去赚更多的钱。

另一个，B土豪，花了1000多万给女儿买了套别墅做婚房，一直没有收楼，也没有取钥匙。原来女儿悔婚了，土豪觉得没面子，也可能觉得这别墅没带来好运，一生气干脆不要了。

看到这里，想帮A土豪去要定金的有没有？想帮B土豪住别墅的有没有?

反正我是有!而且我还告诉你，我不仅有帮两个土豪的想法，我还想对人大附中的学生说：海燕哪，你就长点心吧，用点功吧，把“隔壁的”留给我儿子，我们不嫌弃啊！

开个玩笑。估计给我儿子那个学校上，他也读不下来。就像他41码的脚穿了44码的鞋，不舒服啊！

（三）

不过，说正经的，你有没有发觉，即使天天听说有买彩票中500万的，可自己从来不曾中过哪怕5块钱；即使满世界都是机会，可自己就是找不到中意的工作。为什么？命！

我一次在家具城买家具，家具城正在搞促销，凭发票满5000元就可兑换一张奖券，放到抽奖箱中等待抽奖，抽到一等奖就送1根5克的金条。当时一等奖设了9个，也就是说有9根金条。

抽奖结果揭晓，我的2张奖券毛都没有，有一个顾客却独拿了3根金条！

众人认为作弊。工作人员说，哪里有什么作弊，人家一次性购买了15万多元的家具，抽奖箱中有他30张兑奖券呢，当然获奖的概率就大了。

看来，实力带来运气，你怎么跟人家比？认命吧！

听说一个段子，说有一天一个女青年找大师算命，想知道以后是富贵还是贫穷。大师没有言语，只是在纸上写下两个字：性，命。问女青年：你觉得这两个字哪个重要？

女青年想了想，选了“命”。毕竟生命最重要啊!

大师摇摇头说：“女施主，你以后不会有钱的。”女青年急了，问：“为什么？”

大师幽幽地说：“有钱，任性；没钱，认命！”

这是个老掉牙的段子，可我认为它藏着人生玄机：有钱，既可以任性也可以认性；没钱，你就只能认命吧。

（四）

我不是个宿命论者，宿命论是那些缺乏意志力的弱者的借口。我是个本分论者，就像西式婚礼上牧师向新郎新娘说的，不管是贫穷还是富有，不管是疾病还是健康，尽你做丈夫（妻子）的本分到终身。

而做人的本分，简单地说，就是明白自己是谁，找到自己最适合、最应该也最擅长的事，以诚信之品格，以顽强之毅力，把一生中所有重要的精力，所有重要的时间，所有重要的资源，都放在这件事上，以这件事作为生活的轴心，一心一意地去把它做好，尽全力去做到极致，尽全力去做到圆满，尽全力去做到皆大欢喜。

在中国，人大附中只有一个，每年高考生不到千人；胡润财富报告公布中国亿万富翁也就是6.7万人。这相对于14亿的人口基数，实在微不足道。从另一个方面说，绝大多数的人不可能成为“人上人”，那就只能做“本分之人”，而不要去有

“非分之想”。

何况，人大附中的学子也不是“一步登天”，那些亿万富豪也并非“一夜暴富”。

（五）

做人本分一点不吃亏。

想起一件搞笑的事。有一次加完班我带几个小兄弟去一家小饭馆吃饭，总共吃了200多块钱，结账时想让店家将零头抹了，店家不肯，于是我们不高兴了，就说那就开发票吧。那发票是带刮奖的，一刮，居然刮出了50元现金奖，当场取了。

一个小兄弟说，今天运气真好，应该去买彩票，兴许能中个500万呢。于是大家起哄，在回去路上的一家彩票店，把这50元买了10张即开即刮型的彩票，中了一个10块的，于是又添钱再买10张，又中了一个5元的，又添钱……一直总共加到300块时，再也刮不到一分钱了才罢手。

一个兄弟说，想着靠运气发财，没想到运气根本不靠谱，白白扔的钱比饭钱还多，早知道都老老实实吃到肚子里好了。

还有一个女微商，在手机微信上开了一个小商铺叫“胖宝妈亲子小铺”，专卖儿童服装、鞋帽什么的。我的朋友，一个1岁多孩子的妈妈，买了她大半年的东西，居然一样也没买成。

不是朋友不喜欢，而是这个“胖宝妈”在询问了孩子的情况后，不是说尺码不合适，就是说某件商品可能对这么小的孩子皮肤有伤害。我这个朋友跟这个商家素不相识，对方如此真诚让她很感动，还写了一篇文章发了。不少人读了文章，都索要这个“胖宝妈”的微信号，要买她家的东西，“胖宝妈亲子小铺”的生意愈发好起来。

这不是靠实力，也不是靠运气，而是靠做人的本分。

（六）

王健林在激励年轻人时说：“先给自己定个小目标，比方说我先挣它一个亿。”一个亿，对王健林来说不是吹牛，他说得轻松做到也容易。王健林眼里的一个亿，大概也就是我们普通人眼里的100块。

人世间，没有命运女神，只有命运无常。于是，许多发不了财的，升不了官的，都要埋怨命运不好。然而，仔细想想，过失还是在于自己。

总梦想出人头地，还不如做好眼前的每件事。

同王健林按身价比，不如真的就定个“小目标”：每天挣它100块，而且对得起这100块。

后 记

一旦爱上，便没有停下的理由。

我把写作称为“搬砖”，不是没有原因的。你看，一个字一个字地码起来，像不像在砖瓦厂里干搬砖的活儿？

我的职业就是“搬砖”，我在新浪微博的注册身份是“深蓝传媒副总裁”。“深蓝传媒”其实是子虚乌有的，基于一些圈内人能明白的原因，我将我所供职的单位称为“深蓝传媒”。

做传媒，为人作嫁衣，一年里要烧砖、搬砖不计其数，而连我自己都想不到，在效力深蓝传媒之外，这一年里我竟多搬了10万块砖！

这10万块砖也就是10万文字，出自我的微信公众号“鲜为人知”。

（一）

严格意义上讲，“鲜为人知”并非我的公众号。

2015年元旦过后，我在想，一元复始，万象更新，这一年里我应该有什么新气象？想来想去，我决定建一个微信公众号玩玩。

申请公众号平台，没想到是件颇为麻烦的事儿——需要手持身份证照相并上传进行实名认证。还是基于一些圈内人能明白的原因，我请我的堂弟帮助申请，但他的照片怎么也通过不了认证。就在想要放弃之时，我的一个年轻同事说他让他的弟弟帮忙申请了一个微信公众号“鲜为人知”，但他没有用，可以出让给我使用。

尽管我对“鲜为人知”这个名称并不怎么喜欢，我建公众号也只是写一些生活中的故事感受，或者写一些时评之类的，并没有什么鲜为人知的东西为读者所猎奇，但名称定了就改不了，再者，有总比没有强，于是我还是愉快地接受了。

等到在后台学会了简单的操作，正好是2015年的春节了。这个春节，我撰写发布了第一篇公众号文章《过年，听我讲娘的故事》。

令我万万没想到的是，第二天就有几个微信公众号而且是知名大号转载。不久，微信朋友圈里，一个叫“滑滑停停”的朋友发私信给我说，戴总，《军嫂》杂志的编辑部主任何晓在朋友圈问“过年”这篇文章的作者与联系方式，要不要告诉她?

“滑滑停停”同时发了截图过来，果然一个名为“何晓”的人在朋友圈内说：“万能的朋友圈啊，有谁能告诉我《过年，听我讲娘的故事》的作者和联系方式？”我笑了，对“滑滑停停”说：“告诉她吧。”

于是，下面的事就不多说了，《军嫂》杂志何主任联系了我，并转载了我这篇微信公众号的处女作。

初出茅庐，我真正切身体会到了新媒体或者说是自媒体的魅力!

从此，一发而不可收。

（二）

还要说起《军嫂》杂志的何晓主任，这是个十分热心的出版人，自从认识之后，几乎每一期的《军嫂》杂志她都会送我。这是一本反映军嫂酸甜苦辣生活的优秀刊物，从封面到内容到封底，都做得十分精致漂亮，每每拿到总是爱不释手。

2015年过后，何晓联系我说，想将我公众号上的文章结集成书，策划出版，问我有没有兴趣。

我有些惶恐，不知所然。

在何主任的几次催促之下，我粗略地理了理，竟然也有10万字之多。但要出书，我觉得文字粗糙得很，特别是如果读者得知这些文字是怎么来的，一定会笑掉大牙。

大作家鲁迅先生是“把别人喝咖啡的时间用在了写作上”，而我一介草民，是躲在被窝里写成了这些文字。

我的夫人是个医生，特别重视睡眠的规律性，为了我的身体健康，是不允许我熬夜的，“家规”是每天夜里11点半之前必须上床休息，否则那个可恶的细胞就开始活动了。而11点半，正是我“搬砖”的黄金时刻，一般都是刚写一半，怎能放得下手、睡得着觉呢？

“上有政策，下有对策”这句话就用到我家里。为了应对严厉的夫人，我就在手机“记事本”上写作，一命令“睡觉”，好了，钻到被窝里蒙住头还可以继续写，多数的文字就是这么搬出来的。

还有就是在晚饭后的散步路上。晚饭后，若没有刮风下雨，夫人便会命令我到小区里走路锻炼，而她则在收拾好碗筷之后，有滋有味、有眼有泪地看着韩剧。这时，我会找到一个安静的路段边走边写，或者干脆蹲在一个没人的角落里一块块地“搬砖”。

爱上自媒体，除了来自于我对生活的热爱，还来自于忠实的粉丝。

我的“鲜为人知”微信公众号的粉丝并不是很多，但有一个是一个，忠实得令人感动。

最早的粉丝“小草”有一天突然心血来潮，建了一个鲜为人知公众号的粉丝群，名字很可爱，叫“尝鲜团”里。这里活跃着一帮天南海北的真诚粉丝，几乎每篇必分享，每篇必评论，还时不时地催我更新。他们说，鲜为人知的宗旨是“手拉手传递正能量”，他们愿意大手拉小手，一直传递下去。

我的粉丝里有一个是高中的同学同桌小凤，不仅每一篇必转必评，而且还将她的女儿也发展成了粉丝。有一天，小凤同学告诉我，女儿问她：“戴叔叔的公众号这几天怎么不见更新了。”我大为惊讶：一个90后的孩子怎么会爱看一个60后的人写的文字？小凤说，女儿跟她讲，越是90后越需要正能量，因为她们这个时代的人刚刚走上社会，人生观、价值观、道德观都还没有完全形成，戴叔叔有温度的文字，给人感染和鼓舞。

我顿时觉得自己有些高大上了。

其实，我很清楚我的文字并不是那么优美，故事也并不是那么动人，特别是一个快到知天命年纪的人，与年轻人多少有些代沟，但能够吸引粉丝的，大抵是因为文字的温度和一个老者的坚守。

正因为不完美，我才没有停下来的理由。

附　录

群友看戴哥

我始终认为，一个媒体的地位，在于作品的影响力，在于它能不能赢得读者、温暖读者、感动读者、引导读者。“戴哥说事”能成为公众号中的佼佼者，究其原因，主要有以下几点：首先是戴哥十分敬业，拥有常人难以比拟的热情和精力，经常连夜写稿改稿连轴转，眼睛熬得通红，嗓子沙哑冒烟，却依然乐此不疲；二是戴哥的文章很耐看，说的都是真人真事，没有矫揉造作、无病呻吟的烂俗之作；三是戴哥的语言很生动、接地气，绝非艰涩的八股文章所能比，能够走进人的心里；最后，也是最为关键的是，“戴哥说事”位卑未敢忘忧国，始终坚持弘扬正能量，鼓励大家理性认识问题，积极面对生活，这种理念和状态，让那些消极颓废、牢骚满屏的公众号望尘莫及。

刘征鲁　研究生学员　国防大学

哥哥知道我喜欢看一些文章，就介绍了一个公众号给我，从此我便关注了“戴哥说事”，并进了这个公众号的群“天南海北茶座”。一日，走在常去的公园，看到满枝头的腊梅花开，一股股幽香扑鼻而来，忍不住走到跟前用鼻子使劲闻了闻。随即，一种心情油然而生：原来生活可以这么平静和美。到群里与戴哥沟通，他鼓励我写下来。就这样，我在“戴哥说事”发了一篇小文，然后，鼓励和赞美便如繁花般沁入我心里，让我着实小兴奋了一把。非常感谢戴哥给了我们这样一个平台，可以写心情，写身边发生的事情……

蔡徽　职员　武汉棒友佳物流有限公司

走进“戴哥说事”的大家庭中，每天身处在爱意浓浓的氛围里，心里自然会盈满了幸福。“戴哥说事”推出的文章或许不是很具文学性，但篇篇有深度，段段有正气，行行有温度，字字有情爱。闲来到“戴哥说事”浏览，可以在文字中享受爱的滋润，品味生活的各种滋味。这里的每一段文字，都仿若山间小溪自然流淌——乘着山风的酣畅，散着山花的芬芳，载着大山的雄壮，夹着云雀的鸣唱……有声，有景，有画面；有山，有水，有土地；有家，有国，有世界；有情、有爱、有哲理。

枫叶红了　广州　军嫂

初识“戴哥说事”是在今年的2月份，那天距离春节只有不到48小时，而我由于工作原因不能回家团聚，只能用手机刷“朋友圈”缓解思乡之情。正当我要关机睡觉时，一篇名为《俺娘的故事——天下军人的娘是不是都有一副菩萨心肠》的文章闯进了眼球。点击、进入、阅读，平淡却充满感情的字句，使我对家人的思念甚于从前。给远在故乡的母亲发了一条倾诉思念的短信后，我便关注了此文的公众号“鲜为人知”（“戴哥说事”的前身）。

刘勇坊　山东青岛　文字工作者

我是一名初中体育教师，通过学生、家长和球友接触军人比较多，而且我所在的葫芦岛市是“双拥模范城”，驻军许多可歌可泣的事迹感染了我。我是“戴哥说事”的忠实读者，和来自不同行业领域的粉丝一起，针对文章中的一些“事件”“现象”，在留言中从不角度进行解读、分析、反思。铁粉们发自内心地将美文及评论留言转发到朋友圈和相应的群，相互点赞、评论交流，极大提高了文章的阅读量。感谢戴琢璞给我们搭建了一个“团结、友爱、互动”的互联网平台。戴琢璞荣获全国百名网络正能量榜样称号，真是实至名归！

罗俊彬　葫芦岛市第六初级中学教师

我从小到大都有写日记的爱好。今年中秋，我同往年一般带上娃回娘家看望父母，触景生情，将零散的思绪写出来，被老公悄悄发给了戴琢璞老师。不久惊喜来了：感觉再平凡不过的讲述，被戴老师编辑成《锅碗瓢盆里盛满了乡愁》，发在今日头条的“戴哥说事”平台上……那一刻，我和我的朋友们都对“戴哥说事”这个公众号产生了浓厚的兴趣，后来又经戴哥介绍认识了几位文友。

我生日那晚，戴哥出差返京刚刚下飞机，在听我老公说我在生日之际写了篇文章，希望能发出去作为生日礼物后，他顾不上休息，赶在夜里12点之前将我自认为半生小结的碎文编辑推送。我的原文写的是《生命的长征》，戴哥在编辑时将标题修改为《军嫂罗再琼写给自己的生日：我们的生命何尝不是一场壮美的长征》。光看题目就加分，就有味，老师、领导也都给予了此文颇高的评价。

罗再琼　南京　太平人寿江苏分公司大项目部负责人

闲来无事，翻开“戴哥说事”公众号的历史记录，看着自己在很多文章后的留言，不禁恍惚起来。与公众号的遇见如在昨日，却已有一年之久了：2015年11月28日公众号开通留言功能，12月9日我即留下第一次评论，12月12日第二次评论，直到今日，基本每篇都留言。仔细品读每一篇文章，从整体观察作者的文风，从字里行间去揣摩作者的写作情怀，感觉这是极美的一件事。看得多了，终于按捺不住内心的冲动，亦写了几篇小文，更让我切身体会了作者的写作心境。通过读文，我感受到了文字的魅力；通过写文，我也认识了不少志同道合的朋友。

汪鸿雁　广州　职员

2015年的春节前夕，一个平庸无奇的日子，我一如既往地抱着手机在各个网页上流连。突然，微信振动提示我有一条新消息。我打开一看，是好友鑫姐发来了一条加群链接。由于鑫姐在我心里一直占据重要的位置，所以，基于这份信任，我不假思索地点开，加入。刹那间，欢迎声、礼炮声以及迎接新人的红包雨纷至沓来。这么热情、热闹的入群场景，我还是第一次见到。还没反应过来的我，又看到窗口那头又弹出鑫姐的消息，她向我简要介绍了这个群的性质和情况，希望我能同她一起支持这个群，支持这个“鲜为人知”的公众号（后改为“戴哥说事”），出于友情，我欣然答应了。没想到，这一发不可收拾，我开始追随它……戴哥，一位媒体人，一位文字爱好者，一位我们身边的正能量大哥，“戴哥说事”的“小故事，大视野，在这里读懂生活”是一个伟大的人性筑梦工程。衷心祝愿“戴哥说事”越说越好！

王晓红　厦门　自由职业者

从戴哥的公众号诞生那天起，作为戴哥的中学同学和忠实读者，我和许多同学就时刻关注其每篇文章，并且还经常在同学微信群中就文章的主题思想、作者观点、号召倡议等内容组织讨论，发表感言，同时转发朋友圈，扩大“戴哥说事”的受众面。感谢“戴哥说事”给我们带来了强大资讯、丰富营养和无限快乐！希望“戴哥说事”以更宽广的视野、独到的见解、丰富的内涵影响读者，始终坚持不忘初心，继续前进！

张靖　江苏新沂　职员

不仅仅是每篇文章后面的留言，还有“随手拍十佳评选”“5·20，邀你写下‘不二情书’”等活动，都让我们找回了久违的浪漫，增进了群友之间的互动，增进了群友之间的友谊。可以说，“戴哥说事”架起了一座传播正能量的桥，一座人与人心灵沟通的彩虹桥。

张云霞　青岛　职员

戴哥是我老公的战友，我非常熟悉的朋友。记忆里他有阳光的眼眸、率真的脸庞，如果普通话不夹杂一点苏北口音，肯定会被误认为是东北人。“戴哥说事”说的都是家长里短，周遭所见，没有空洞的教化。戴哥将自己或身边人的故事真诚叙述，似行云流水，字字珠玑；又如雨露甘饴，润物无声。“戴哥说事”也是众多名不见经传、初出茅庐者可以小试身手的自留地。戴哥精诚搭台，文友竞相唱戏，草根们在教学相长的公众平台上相互扶持，砥砺前行。

逐浪鑫海　辽宁葫芦岛市　文艺工作者